한 영혼의 구원을 갈망하게 하소서

이 소중한 책을

특별히 _____님께

드립니다.

한 영혼의 구원을 갈망하게 하소서

김두화 목사를 그리워하는 사람들 / 편집

나침반

주님을 사랑하고 영혼을 사랑했습니다

남편 김두화 목사님은 불우한 가정에서 태어나 어려운 시대를 살았습니다.

예수 그리스도의 십자가 은혜로 거듭난 후, 주님은 많은 신앙의 스승과 선배와 성도들의 사랑으로 살게 하셨습니다.

그 사랑의 빚진 자로 많은 영혼들을 주님께 인도하였습니다. 마지막으로 Rehab 병원에 머무는 시간, 옆에 있는 독일인 환자에게 복음을 전했는데, 그분은 "너무나 놀라운 말씀을 처음으로 듣게 되었다"라며 환한 모습으로 감사의 인사를 거듭 전해 주었습니다.

남편은 그곳에서 일하는 크리스천 치료사들에게는 사명자의 삶에 대해 온 힘을 다해 전했습니다. 그리고 언젠가 이 땅에 열매가 맺히도록 마지막 복음의 씨를 뿌리고 사랑하는 성도들이 둘러서 있는 가운데 조용히 평안한 모습으로 이 땅을 떠났습니다.

남편은 주님을 사랑하고 영혼들을 사랑했습니다.

주님 앞에 늘 자신의 부족함을 눈물로 고백하며 복음을 위해 최선을 다하려 했던 주님의 종이었습니다.

어떤 어려움 속에서도 따뜻한 가정의 울타리 안에 믿음으로 우리를 지켜준 자상한 남편이었고 아빠였습니다.

주님의 사랑과 은혜와 선하심과 인자하심이 남편과 우리의 평생과 그리고 영원에 함께해 주심을 감사드립니다.

늘 사양했던 일인데 이 책이 나올 수 있도록 도와주시고 기도해 주시고 손수 감수해 주신 이동원 목사님과 지구촌 교회 성도님들, 이 일이 가능하도록 권유하며 온 마음으로 도와주신 이관희 장로님, 구성과 편집, 출판에 수고하신 나침반출판사 직원들과 김용호 대표님께 마음 깊이 감사를 드립니다.

이 책을 통하여 한 영혼이 주님께 돌아오기를, 그리고 힘들어하는 누군가가 용기를 얻게 되기를 기도합니다.

– 김해나(Hannah Kim)

김두화 목사님은
제 평생에 잊을 수 없는 한 사람

저와 여러 영역에서 동역을 했던 목회자입니다.

많은 동역자들이 제 사역의 장에서 동역하고 다녀갔지만 지금까지 김두화 목사님만큼 영혼들을 사랑하는 이를 만나지 못했습니다. 그는 진실로 한 영혼을 위해 모든 것을 바칠 수 있었던 사람이었습니다.

그는 목회자로도 사역을 했지만 선교사로 더 적합한 분이셨습니다. 목회 마인드보다는 선교사 마인드가 훨씬 큰 분이셨습니다. 그는 목회의 마당보다 선교의 마당에서 훨씬 더 은사와 재능을 발휘하신 분이셨습니다.

그에게는 목회의 어떤 프로그램보다 한 영혼이 더 소중한 분이었고 그 한 영혼과 시간을 보내는 것이 그 무엇보다 더 중요한 사역이었습니다.

교회에 선교사 한 분이 방문하면 자신의 월급이 모두 달아나도 그 한 분의 선교사를 모든 것을 털어 지원하는 것이 더 중요한 분이셨습니다.

그래서 저는 김 목사님이 한 교회 담임을 하시는 것이 불안하게 생각되었습니다. 그의 천성, 그의 소명, 그의 열정을 너무도 잘 알았기 때문이었습니다.

그러나 누가 그를 말릴 수 있었겠습니까?

사마리아 우물가에서 한 영혼을 만나 모든 시간을 바친 것으로 기뻐하던 주님, 그리고 그가 예수님을 메시아로 고백하는 것으로 만족하셨던 주님, 그것만으로 모든 것을 보상받은 것으로 안 주님의 제자가 김두화 목사님이십니다.

우리 시대는 이런 전도자, 이런 목회자를 다시 보고 싶어합니다.

그래서 후학들에게 이런 전도자가 한국 교회에 있었다고 소개하고 싶습니다.

도전을 모르는 이 시대의 지도자들과 교인들에게 이 한 사람을 보라고 말하고 싶습니다.

두화 형제,
당신을 만난 것은 내 인생의 특권이었습니다.
I love you! I am proud of you!

팬데믹 시대의 골짜기를 지나며
– 당신의 동역자 이동원 목사가

목차

기적의 복음 선교선 – 로고스

김두화 선교사(당시 목사가 되기 전)가 세계를 순회하며 복음을 전하는, '기도로 움직이는 기적의 배'로 불리는 오엠 선교회(Operation Mobilisation: OM)의 선교선 '로고스'(Logos)를 타고 스리랑카에 선교 갔을 때의 일이다.

복음 선교선 '로고스'(OM 선교선 제공)

1982년 3월,

스리랑카 중부 고산지대에 있는 뉴아라 엘리야에 도착했다.

당시 로고스 선교선은 스리랑카의 수도 콜롬보에서 선박 정기 수리 중이었는데 몇몇의 선교사들은 내륙 깊숙이 들어가 현지 기독 청년 30여 명을 모아 "Living Word '82"라고 이름 붙인 전도훈련 프로그램을 진행 중이었다.

김두화 선교사보다 2년 먼저 로고스를 탔던 최종상 선교사가 이 팀의 리더로서 그 훈련 프로그램을 진행했다. 김 선교사도 이 팀의 일원으로 일부 강의를 맡기도 했다.

오전에는 강의로 훈련을 받고 오후에는 몇 그룹으로 나누어 배운 각종 전도 방법을 실제로 현장에서 실습하는 방식으로 훈련과 사역을 진행했다.

여느 날과 마찬가지로 로고스 선교사들과 현지 훈련생들 일행이 길거리에서 복음을 전했다. 이날 노방전도에서 설교를 맡은 김두화 선교사는 큰소리로 복음을 전했다.

이 지역 주민들은 주로 인도계 타밀족이었다.

그래서 모든 프로그램은 타밀어로 통역되었다.

전도 일행을 둘러싸고 전도하는 모습을 지켜보던 20여 명 현지인들 가운데 백인 하나가 열심히 듣고 있었다.

스리랑카 사람들은 대부분 피부가 까무잡잡한 편이다. 그런 현지인 무리 사이에 키 큰 백인이 서 있으니 유독 눈에 띄는 것은 당연했다. 그런데 그의 모습이 특이했다. 머리를 길게 땋아 내리고 헐렁한 옷을 입고 줄이 긴 면 가방을 어깨에 메고 있었다.

한눈에 봐도 히피가 분명했다.

히피는 1970년대 즈음 '쾌락주의, 자유주의, 평화주의'를 추구하는 시대를 관통하는 운동이었다. 그러나 이면에는 '프리섹스, 마약, 집단생활' 등의 불건전한 요소들이 자리 잡고 있었다. 히피들은 대부분 머리를 기르고, 꽃 장식이나 화려한 복장으로 다녔으며 허무주의적 사상에 심취해 집단으로 정처 없이 떠돌거나 세상을 방황하는 사람들도 많았다.

노방 설교를 끝내면서 김두화 선교사는 "오늘 전한 예수님을 믿고 싶은 사람은 손을 들어 표시하십시오"라고 초청했다.

몇 사람이 손을 들었다.

이 히피도 나지막히 손을 들었다.

프로그램이 모두 끝나고 김 선교사는 이 백인에게 개인적으로 좀 더 복음을 설명해 주었다. 성령님께서 이 히피에게 구원의 은혜를 주셨고 그는 믿음으로 예수님을 구주로 고백하며 영접하는 기도를 함께 했다. 그러고는 동그란

금테 안경 너머로 가벼운 미소를 지었다. 방황하던 영혼이 창조주 하나님의 품에 돌아와 안긴 편안한 모습이었다.

주님 안에서 형제가 된 그는 자신에 대해 설명해 주었다.

영국 사람이고 학교 교사였는데, 삶의 의미를 찾지 못하여 교직도 그만두고 세계를 정처 없이 떠돌고 있다고 했다. 그런 그가 스리랑카의 한 산골에서 주님을 영접했으니 로고스 전도팀으로서는 생각지도 못한 곳에서 뜻밖의 열매를 거둔 것이다.

특별히 정해진 숙소가 없었던 그를 김 선교사는 로고스 팀이 머무는 곳에서 같이 지내자고 초청했다. 그는 뉴아라 엘리야에서 사역을 다 마치기까지 일주일 정도 같이 머물렀다. 매일 새벽 5시에 일어나 김두화, 최종상 선교사와 함께 기도하고 성경을 공부했다. 다른 훈련생들 틈에 끼어 전도훈련도 받고 오후에는 함께 전도를 나가기도 했다.

서로 가까워지면서 그는 자신이 세계를 떠돌게 된 이야기를 솔직하게 고백했다.

"영국에서 안정된 직장을 다니고 있었지만 인생이 그렇게 허무할 수가 없었어요. 어느 순간 모든 걸 포기하고 훌쩍 떠나고 싶었습니다. 인생이 너무나 허망했어요. 그대로 세계를 떠돌며 의미 없는 삶을 살아가고 있었습니다."

매일 말씀을 배우며 그의 눈빛은 조금씩 살아났고 삶의 희망을 품어갔다.

뉴아라 엘리야에서의 사역이 끝나고 로고스 선교선으로 돌아갈 날이 되었다.

이 형제와 헤어질 날이 된 것이다.

당시는 핸드폰도, 이메일도 없던 시절이었다. 하지만 예수님을 구주와 주님으로 영접했으니 막연하지만 어디선가 신앙생활을 하며 살아가기를 바라는 마음으로 기도할 수밖에 없었다. 간절하게 기도하고 천국에서 보자며 아쉬운 작별을 고했다.

김 선교사는 이후 2년여간의 로고스에서 선교활동을 마치고 공부와 사역을 위해 한국으로 귀국했고, 최 선교사는 로고스에서 일 년 더 사역한 후 신학을 공부하러 영국으로 떠났다.

신학교에 입학하기까지 몇 달의 시간이 있어 최 선교사는 오엠선교회 영국지부가 있는 맨체스터로 가서 사역을 도우며 그 기간을 보내기로 했다.

오엠 사무실에 도착한 최 선교사 앞에 믿을 수 없는 상황이 기다리고 있었다. 스리랑카에서 만난 바로 그 형제가 오엠 영국지부의 직원으로 근무하고 있는 게 아닌가!

머리와 복장이 단정한 그는 이전에 만났을 때와는 완전

히 다른 사람으로 변해있었다.

"그때 여러분들을 만나 예수님을 믿은 후 히피 생활을 접고 바로 귀국했습니다. 제게 변화를 준 곳이 이 선교회라서 어떤 곳인가 싶어 방문했고, 결국 스태프로 지원을 했습니다. 여기서 다시 만나게 되니 정말로 반갑습니다."

정작 더 반가운 것은 최종상 선교사였다.

먼 선교지에서 복음의 씨를 뿌린 결실을 다시 확인하는 것만큼 사역자에게 큰 보람은 없다. 더구나 그는 사무장 직을 맡고 있어서 최 선교사 부부는 그에게서 매주 생활비를 받아쓰게 되었다. 최 선교사로서는 너무도 행복한 3개월이었다.

신학교 입학이 가까운 9월 초가 되자 최 선교사 부부는 맨체스터를 떠나 런던으로 옮겼다. 그와는 천국에서 다시 만나자며 또 한 번 아쉬운 작별을 나누었다.

그러나 하나님의 드라마는 거기서 멈추지 않았다.

25여 년이 지난 2009년 초 어느 날…

최종상 선교사는 독일에 있는 선교선 본부에 근무하는 친구 선교사로부터 전화를 받았다.

"혹시 예전에 스리랑카에서 복음을 전했던 히피 형제랑 지금도 연락을 하시나요?"

이 독일 선교사도 그때 같이 로고스에서 이 히피 형제의 이야기를 들었기에, 또 패밀리 네임이 특이해서 이제까지 기억하고 있었던 것이다.

"그 후 오엠 영국지부에서 만난 적은 있었어요. 그런데 그 뒤로는 소식을 모르는데 무슨 일이 있나요?"

"이번에 선교선에 승선할 신임 선교사 지원자들을 인터뷰했는데 스위스에서 온 한 자매가 그분이랑 성이 똑같아서요. 인터뷰 당시에는 별생각이 없었는데 지나고 보니 혹시 무슨 연관이 있을까 싶어서 연락드려 봤어요."

그러면서 그 자매는 로고스 호프 선교선으로 배치되었다고 했다.

그런데 최종상 선교사가 그 자매를 만날 날이 의외로 속히 왔다.

2009년 6월, 칠 년 동안 수리를 마친 로고스 호프 선교선이 드디어 사역의 첫 발을 내딛는 출정 기념예배가 있었다. 최 선교사는 둘로스 단장으로서 둘로스를 대표하여 이 기념예배에 참석하게 되었다.

최 선교사는 로고스 호프 선교선에 올라가자마자 단장이나 선장을 만나기 전에 안내 방송실로 향했다. 그리고 그 자매의 이름이 적힌 종이를 주면서 불러달라고 부탁했다.

로고스 호프(OM 선교선 제공)

"OO OO씨, 방송실로 와 주십시오."

잠시 후 키가 자그맣고 예쁜 자매가 밝은 얼굴로 방송실로 와 기다리던 최 선교사와 만났다.

"난 둘로스 단장 다니엘이야. 내가 너와 같은 패밀리 네임(성)을 가진 사람을 세상에서 딱 한 사람 알고 있다. 그 이름은 OO OO인데 너도 같은 성을 쓰니 그분과 무슨 연관이 있을까 하여 물어보려고 찾았다."

자매는 망설임 없이 대답했다.

"네, 저희 아버지신데요."

"그래, 세상에 이럴 수가! 너무 반갑다. 너의 아버지를 1982년 스리랑카에서 만났어. 아버지는 지금 어디서 무슨 일을 하고 계시니?"

"스위스의 불어권 교회에서 담임목사로 계세요."

최 선교사는 감격으로 목이 메어 말을 잘 이을 수 없었다. 오엠선교회의 본부에서 만났던 뒤로 그는 신학교에 입학했고, 거기에서 불어를 쓰는 스위스 자매와 만나서 결혼해 주님의 인도로 스위스에서 목회를 하고 있었다.

"아빠는 우리가 어렸을 때부터 열여덟 살만 되면 꼭 오엠선교선을 타야 된다고 늘 말씀하셨어요. 그래서 맏이인 제가 열여덟 살이 되어 대학을 뒤로 미루고 여기부터 왔어요."

자신의 삶을 변화시킨 오엠 선교선 사역을 그가 얼마나 귀히 여겨왔는지 알 수 있는 대목이었다. 자신의 삶을 송두리째 바꾼 곳에서 자기 자녀들도 동일한 주님의 역사하심을 경험하길 얼마나 바랐는지 짐작이 갔다.

하나님의 역사가 얼마나 놀라웠는지….

감당하기 힘들 정도의 기쁨이었다.

어수선한 산골 길거리에서 짧은 시간 외친 복음을 듣고 믿게 돼 자신만 변화된 게 아니라 가족에게도 동일한 변화를 바라고 있었다.

그가 복음을 외치는 전도자의 삶을 살고, 목회자가 되어 성도들을 목양하고 있다니… 할렐루야!

"오직 성령이 너희에게 임하시면

너희가 권능을 받고 예루살렘과 온 유대와 사마리아와

땅 끝까지 이르러 내 증인이 되리라 하시니라" – 사도행전 1:8

"… 주 예수를 믿으라

그리하면 너와 네 집이 구원을 얻으리라…" – 사도행전 16:31

장장 27여 년을 거친 복음의 역사였다.

하나님은 그날 김두화 선교사를 사용하심으로 복음을
전하사 생각지도 못한 결실을 맺게 하셨다. 히피였던 목사
와 그 가족들을 통해 복음을 듣고 주님을 따를 사람들이
세계 곳곳에 많아질 것을 생각하면 놀랍고 놀라울 뿐이다.
하나님의 구원의 역사와 연결은 주님 오실 때까지 계속
이어질 것이다.

최종상 선교사은 훗날 미국에서 김두화 목사(그 사이 목사
안수를 받음)를 만나 이 일화를 전해주었다.

김 목사는 이런 후속 이야기를 모를 수 밖에 없었다.

최 선교사는 그 이야기를 소상히 전해 주었다. 그러나
김 목사의 반응은 의외로 담담했다. 정작 그 히피의 이야
기를 제대로 기억을 하지 못했다. 최 선교사의 이야기를
듣고 옛 기억을 간신히 더듬었고, 그를 통해 한 가정이 일
어나고, 복음의 역사가 지속되는 일에 대해 하나님께 감사
하며 기뻐했다.

김두화 목사의 인생을 잘 나타내는 성경 구절은 갈라디
아서 2장 20절이 아닐까 싶다.

"내가 그리스도와 함께 십자가에 못 박혔나니

그런즉 이제는 내가 사는 것이 아니요

오직 내 안에 그리스도께서 사시는 것이라.

이제 내가 육체 가운데 사는 것은

나를 사랑하사 나를 위하여 자기 자신을 버리신

하나님의 아들을 믿는 믿음 안에서 사는 것이라" – 갈라디아서 2:20

선교지에서 전한 복음으로 믿음의 가문이 세워진 20여 년의 역사가 일어났음에도 김두화 목사가 이 사실을 제대로 기억하지 못했던 것은 어디서나 복음의 씨앗을 뿌리는 삶이 김두화 목사의 일상이었기 때문이다.

김 목사를 통해 변화된 삶을 살아간 사람들은 대단히 많지만 김 목사는 자신을 드러내지 않고 겸손에 겸손을 더했다. 자신은 하나님의 복음을 전하는 도구일 뿐이며 모든 능력과 역사는 하나님께 달려있는 영역이라는 사실을 김 목사는 결코 잊지 않았다.

순탄치 않았던 삶 가운데 주님의 도우심으로 살아나고, 예수님을 만나 구주와 주님으로 영접했던 김 목사는 삶을 "오로지 복음! 오로지 선교!"를 위해 살아갔다.

하나님을 간절히 찾는 사람을 주님이 어떻게 만나주시고 어떻게 변화시켜주시는지….

김두화 목사의 삶의 발자취는 진리가 혼탁해지고 복음에 자신감을 갖지 못하는 오늘날의 그리스도인에게 큰 도전이자 배움이 되리라 생각한다.

어린 시절

소년 김두화는 울산에서 태어나서 얼마 되지 않아 부산으로 이사 와 유소년 시절을 부산에서 지냈다. 집안은 불교 가정으로 부모님은 이혼을 하셨고, 경제 형편도 많이 어려웠다. 환경도 좋지 않았을 뿐만 아니라, 아버지가 술을 너무 좋아하는 성격으로 인해 새어머니와 가족들이 늘 불안한 마음으로 힘들게 살아야 했다.

소년 두화가 하나님의 충직한 종의 길을 걷게 되기까지는 수많은 시련을 거쳐야 했다.

그 시련 가운데 가장 혹독했던 것은 어린 시절이었다.

한국 전쟁 직후라 먹을 것이 없어 굶주리는 사람이 대부분이었고 하루 먹을 것만 있어도 아무 걱정이 없던 시대였다.

부모님의 따스한 사랑과 보호가 절대적으로 필요했던 시기에 소년 두화는 '이 상황이 나의 잘못인가?', '이럴 거면 왜 나를 낳았나?', '차라리 태어나지 않았으면 좋았을 것 같다'는 욥의 고백처럼 슬픔에 싸여 불 꺼진 방구석에서 유난히 설움에 복받치며 세상이 싫어지는 나날을 보내다가 돌파구를 찾아야겠다고 생각했다. 그 어린 나이에….

그러다 10살 즘음에 입 하나라도 줄여 집안 살림에 부담을 덜기 위해, 그리고 집안 분위기를 좋게 하기 위해서 집을 떠나기로 마음을 먹고 어린 나이에 가출을 했다.

지금처럼 청소년이 무턱대고 집을 나가서 일이든 뭐든 할 수 있는 시대가 아니었다. 그럼에도 그는 집을 나가야 했다. 어쩌면 가슴속에 더 못이 박힐 자리가 없어서였을 것이다. 학교도 제대로 다니지 못하고 전쟁 직후 어른도 일이 없어 고생을 하던 시기였다. 게다가 제대로 먹지도 못해 연약한 아이였다.

그는 그날부터 부모가 계시지만 고아나 다름없는 삶을 살았다.

집을 나온 날부터 하루하루가 생존을 위한 혈투였다.

정식으로 일을 하며 먹고 잘 수 있는 곳은 구할 수가 없으니 당장 입에 풀칠이라도 하려면 무슨 일이든 해야 했다. 먹고사는 일도 해결하기 벅찬 상황이라 숙소를 구할 생각은 엄두도 내지 못했다.

추운 겨울에는 잘 곳이 없어 길거리를 헤매다가 불을 피웠던 연통이 따스하면 길거리에 있는 연통 옆이 그의 방이자 잠자리인 것처럼 노숙을 했다. 어느 때는 파출소에 가서 사정을 말하고 신세를 지기도 여러 번 했다.

그는 구두닦이, 아이스케키 장사, 우유 배달, 신문팔이와 배달, 고철 줍기, 공사장 심부름… 등 당장 살기 위해서 찬물 더운물 가리지 않고 일을 했다.

혼란한 시대다 보니 어딜 가나 어려운 사람들뿐이었고, 그런 사람들이 하는 일들은 워낙 뻔했다. 삶이 고달픈 인생들이 모이다 보니 어딜 가나 크고 작은 마찰이 생겼다.

깡패들이 찾아와 하루벌이를 털어 간다든지, 자릿세를 요구하기도 하고, 때때로 깡패들이 부하로 삼기 위해 회유와 협박을 하기도 했다.

얼마든지 더 나쁜 길로 빠질 수 있는 상황이었지만 죽을 둥 살 둥 고생을 했을지언정 범죄의 길로는 빠지지 않았다. 그렇게 힘든 상황 중에서도 최악의 길로 빠지지 않은 것은 하나님의 은혜이자 예비하심이었다고 본다.

그리고 그는 어린 나이임에도 마음에 각오가 있었다.

'나는 불행하고 어렵게 지내지만, 그러므로 더더욱 사람들에게 잘못된 모습을 보이면 안 된다.

바르게 자라서 상황과 환경을 극복할 수 있는 삶을 살아 나를 도와주는 분들을 욕보이지 않게 하며 많은 사람들을 도와주는 사람이 되자!'

어떻게든 거리에서 살아가는 일이 익숙해졌지만 그래도 집 떠난 삶은 너무도 비참했다. 그의 인생은 여전히 메말라 있었고, 기본적인 생존의 욕구조차 제대로 채워지지 않았다. 어린 소년의 마음에 집에 대한 그리움, 엄마에 대한 그리움이 사무치지 않을 리 없었다. 그래도 집으로 다시 돌아갈 수는 없었다. 집으로 돌아간다는 것은 그의 선택지에 존재하지 않았다.

하루살이 같은 삶을 살아가던 두화에게 어느 날 기막힌 행운이 찾아왔다.

미군 부대 안에서 구두를 닦고 잡일을 할 수 있는 기회가 찾아온 것이다. 이 행운은 하나님을 만나기 위한 한 계단이었으나 당시에는 당장 먹고 잘 수 있는 곳이 생긴다는 사실만으로도 뛸 듯이 기뻤다. 더 이상 추위에 떨지 않아도 될 숙소가 있었고, 배를 주리지 않고 하루 3끼를 마음껏 먹을 수 있었다. 구두만 닦고 잡일만 조금 해줘도 이전의 삶에서 하루 종일 일한 것보다 돈을 더 벌 수 있었다.

그러나 아무 걱정 없이 지내던 나날도 잠시였다.

부산에서 미군이 철수하면서 다시 지낼 곳을 잃게 됐다. 머물 곳을 찾던 두화는 한 고아원에 용기 있게 자기 발로 들어가게 됐고 학업도 다시 시작하게 됐다. 그 나이 또래의 아이들이 받아야 할 정상적인 교육이었고, 누려야 할 정상적인 삶이었다.

하나님은 모든 것을 준비하고 계셨음이 분명했다.

당시 부산에 있는 보육원에서 일하고 있던 엘리노어 피어슨(Eleanor Pierson) 선교사와의 만남이다.

팀 미션(TEAM Mission) 소속의 선교사로 부산 축복산 고아원에서 사역을 하고 있던 피어슨 선교사는 두화에게 각별한 애정을 쏟았다.

사실상 부모에게 버림받고 어린 나이에 사회의 가장 밑바닥에서 생활하며 온갖 인간 군상들을 만나본 그는 쉽사리 마음을 열지 않았다. 그럼에도 피어슨 선교사는 포기하지 않고 소년 두화에게 사랑을 전했다. 한 영혼을 포기하지 않고 주님의 사랑을 전하고자 하는 목자의 열정과 노력을 그는 피어슨 선교사로부터 처음 느꼈고 큰 감동을 받았다.

그중에서도 가장 기억나는 일은 보육원에 장티푸스가 전염됐을 때다.

장티푸스는 전염성이 매우 높아 예로부터 '염병(染病)'으로 불렸다. 치사율도 높아 당시 장티푸스가 한 번 휩쓸고 지나간 동네는 곡소리가 끊이질 않았다.

지금이야 위생상태가 좋아지고 사람들의 영양상태도

좋다 보니 누가 걸려도 치료제를 금방 쓰면 낫지만 당시에는 자칫하면 죽거나 장기에 큰 후유증을 안고 살아가야 하는 끔찍한 질병이었다.

두화를 포함해 고아원의 여러 아이들이 장티푸스에 걸리자 고아원에서는 마당에 여러 개의 텐트를 치고 아이들을 따로따로 격리시켰다.

문제는 그다음이었다.
증상은 나타나지 않아도 이미 장티푸스 보균자일 수 있기 때문에 사람들은 전염이 두려워 텐트 근처에도 오지 않았다. 영락없이 굶어 죽을 수밖에 없는 상황이었지만 유일하게 피어슨 선교사만큼은 텐트에 들어와 식사를 가져다주고 더 아픈 데는 없는지 물어보며 지극한 사랑으로 돌보았다.

이역만리 먼 땅에서 제대로 씻지도 않아 비위생적인데다 전염병에 걸려 격리돼 있는 아이들을 어떻게 죽음을 무릅쓰면서까지 돌볼 수 있을까….

그 사랑에 소년 두화는 마음을 열지 않을 수 없었다.

김 목사와 피어슨 선교사

　가정에서 버려지다시피 한 메마른 인생에 어머니의 사
랑이 무엇인지를 피어슨 선교사의 배려와 노력 끝에 어렴
풋이나마 느낄 수 있었다.
　실제로 피어슨 선교사는 그를 보육원 아이들 중에서 유
일하게 '아들'이라고 불렀다. 어려운 환경 속에서도 열심
히 공부하며 살려는 모습이 선교사의 마음을 울렸던 것
같다. 이후 편지로 교류를 할 때도 항상 피어슨 선교사는
두화를 'Dear Son'이라며 아들의 호칭으로 불렀다.

　그 모든 것을 가능케 한 것은 하나님의 사랑이었다.
　그는 학교 음악 선생님의 배려로 따로 피아노를 배우게
되었고 재능도 있어 금세 곧잘 치게 됐다. 어느 정도의 실
력이 되자 선생님은 그가 학생이었음에도 다른 학생들에
게 피아노를 가르칠 수 있는 레슨 자리를 알아봐 주었다.

꼬마가 꼬마를 가르치는 격이었다. 덕분에 그는 피아노 레슨도 하고 학원에서 청소와 같은 잡다한 일들을 하며 조금 더 안정적인 삶을 꾸릴 수 있었다. 당시 열심히 교회생활을 하며 고등학생임에도 주일학교 교사를 맡을 정도로 열심이었던 것은 피어슨 선교사와 주변의 따스한 분들을 통해 '주님의 사랑'이 무엇인지를 조금이나마 느낄 수 있었기 때문이다.

고아원 시절에 소년 두화에게 사랑을 듬뿍 준 또 한 분이 계셨다.

당시 고아원의 직원이었고 40대 중반이었지만 미혼이었던 박순금 선생님이다. 두화는 유난히 박 선생님을 따랐다.

일찍 철이 들었던 그는 어린 나이임에도 불구하고 누구를 만나면 깍듯이 예의를 지키고 작은 실수라도 하지 않으려는 삶의 자세를 닦아가고 있었다. 열심히 노력하고 부지런하며 아이들과도 사이좋게 지내며 예의 바르게 행동하는 그의 모습에 애틋함을 느낀 박 선생님은 어머니의 심정으로 두화를 친절하게 보살펴 주셨다.

그러다가 그가 중학교 3학년 즈음에 박 선생님은 팀선교회 소속으로 서울에서 사역하는 한 선교사님으로부터 자녀들을 보살펴달라는 간절한 요청을 받았다. 그러나 그곳이 서울이라 두화와 떨어지는 것이 싫어 거절했지만 계속 요청하자 기도 중에 두화가 고등학교를 졸업하고 서울로 왔을 때를 생각해 박 선생님이 먼저 서울로 가게 됐다.

인간에 대한 불신과 세상에 대한 분노로 가득 찼던 가출 초기와는 달리 이때는 두화를 물심양면으로 도와주신 분들이 있었다. 십대 시절이었지만 공부를 비롯한 할 수 있는 모든 일을 최선을 다했고, 그의 착한 모습을 본 사람들은 기특해서인지 더 많은 도움을 주었다.

불행하고 힘든 시절을 이만큼이나마 극복할 수 있었던 것은 피어슨 선교사를 비롯한 많은 사람들의 도움 때문이었음을 삶 가운데 크게 느꼈다.

피어슨 선교사는 계속해서 변함없이 두화가 방황하지 않게 지속적으로 신앙의 멘토가 되어 주었다.

그러다 고등학교를 졸업하자 피어슨 선교사는 팀 선교회 본부의 요청에 의해 서울에서 사역을 하게 되어 두화와 함께 서울로 이사했다. 두화는 먼저 서울로 와 있던 박순금 선생님 집에서 박 선생님을 어머니로 생각하며 함께 생활하게 됐다.

그때 박 선생님은 서울 불광동에 위치한 팀 선교회 소속의 불광동 수양관에서 일하고 있었는데, 복음이 분명한 불광동성서침례교회(담임 김우생 목사님)에 출석하였고, 두화도 박 선생님과 함께 불광동 성서침례교회에 출석하였다.

구원을 받다, 소명을 받다

하루는 청년 두화가 버스를 타고 집으로 가고 있었는데 버스에 탄 한 남자가 승객들에게 전도를 하고 있었다. 그때만 해도 노방전도를 하시는 분들이 많아 이상한 광경이 아니었다. 두화는 이미 교회를 오랜 세월 다니며 주일학교 교사 일까지 하고 있었기 때문에 "그냥 어떤 사람이 버스에서 전도를 하나 보다"라는 생각 정도밖에 들지 않았다.

그런데 이 남자가 대뜸 두화를 바라보며 물었다.

"학생, 학생은 오늘 죽으면 천국에서 바로 눈을 뜰 수 있겠어?"

"네… 네?"

두화는 이 말을 듣자마자 눈살을 찌푸렸다.

'내가 교회를 다닌 햇수가 몇 년인데?'

'고등학교 때부터 주일학교 사역을 한 나인데.'

'선교사님을 어머니처럼 모시고 살았는데 이 사람 도대체 무슨 소릴 하는 거지?'

아무것도 모르는 남자가 헛소리를 하는 것 같아 기분이 하루 종일 언짢았다.

그러나 그날 그 남자의 질문은 하나님이 두화에게 하시는 말씀이었다.

겉으로는 누구보다 열심히 교회생활을 하는 크리스천 같았지만 눈앞에 처한 현실을 살아가기에도 급급해서인지 천국이니, 지옥이니 이런 얘기들은 환상처럼 느껴졌을지도 모른다.

많은 믿음의 선배들도 도와주었을 텐데 그럼에도 구원을 백 퍼센트 확신할 수는 없었다. 분명 머리로도 알고, 교회에도 나가며, 아이들도 가르치고 있었지만 마음속 깊은 곳에서 가장 중요하고 결정적인 부분이 빠져 있다는 사실은 알고 있었다.

그런 심중을 아시고 하나님께서는 그 남자를 통해 "오늘 죽어도 천국에 갈 확신이 정말 있느냐?"라고 물었던 것 같다.

그날 이후로 교회를 가도, 성경을 봐도, 사람들을 만나도 '나는 정말 천국을 갈 수 있는가?'라는 질문이 마음속을 떠나지 않았다.

'내가 이렇게 힘들게 살면서도 신앙생활을 열심히 했는데 내가 안 간다면 누가 간단 말인가?'

타당한 생각이었지만 그럼에도 겉으로 보이는 신앙 모습과는 달리 마음속 깊은 곳에서는 구원을 확신할 수 없었다.

그러나 그때에도 피어선 선교사를 비롯한 많은 믿음의

선배들이 도움의 손을 뻗쳤다.

장티푸스에 걸린 줄 알고 격리되어 있던 두화를 돌보아주셨던 피어선 선교사는 육체의 생명뿐 아니라 영혼의 생명도 도와주신 은인이었다.

어떤 무례한 행동을 하더라도, 화를 내지 않으셨고 복음을 다시 한번, 또 다시 한번 전해주셨다. 세상에서 어떤 삶을 살아가는지 알면서도 단 한 번도 싫은 티를 내거나 책망하지 않으셨고 오히려 집으로도 초청해서 먹이시고 기르시며 정말 한결같은 사랑이 무엇인지를 몸소 보여주셨다. 그 사랑 때문에 두화는 다시 주님의 사랑을 깨닫고 예수님을 구주와 주님으로 영접하고 하나님의 자녀가 될 수 있었고 그 긴 시간을 괴롭혔던 질문에 답할 수 있게 되었다.

당시 한국에는 청년들을 대상으로 집중해서 선교하는 조이 클럽(Joy Club)이라는 단체가 있었다. 지금 기준으로 창립 60여 주년을 맞은 조이 클럽은 기존의 선교 단체들과는 성격이 조금 달랐다. 이름만 대면 알만한 국내의 유명 선교 단체들은 대부분 외국에서 먼저 시작되어 한국으로 건너왔지만 조이 클럽은 국내에서 먼저 시작해 세계로 뻗어나갔다.

한국 전쟁 직후 혼란한 사회를 수습하기 위해서는 크리

스천 리더가 필요했고 훌륭한 리더를 키우기 위해서는 영어를 습득하는 것이 우선이었다. 유학을 가지 않더라도 사회적 인프라나 최신 문물 및 지식을 습득하기 위해서는 영어를 할 줄 아는 것이 가장 빠른 길이라고 생각한 사람들이 많았다.

조이 클럽은 이런 취지로 피어선 선교사와 함께 청년들에게 영어와 성경을 가르쳐주는 모임으로 시작되었다가 청년들을 대상으로 하는 본격적인 선교 단체로 발전했다.

조이 클럽은 지역 선교와 발전을 위한 리더들을 키우는 것이 목적이었기 때문에 당시 일반적이었던 주일 예배 모임도 없애고 훈련을 마친 청년들을 지역 교회와 선교지로 파송했다.

청년 두화도 피어선 선교사가 조이 클럽에 참석했기에 함께 조이 클럽에 참석해 활동하였다.

그러다 조이 클럽의 수양회에 참석하게 되었다.

하나님을 만나고 더 알고 싶어 하는 전국의 수많은 청년들이 모인 집회는 그야말로 들불처럼 뜨거웠다.

그런데… 정말로 이상한 일이었다.

매번 듣던 그 말씀이 그 말씀이 아니었고, 매번 했던 그 기도가 그 기도가 아니었다. 하나님은 정말로 간절히 문을 두드리면 만나주시는 분이었고, 주님의 이름으로 두세 사람이 모이는 곳에 함께 하시는 주님이셨다.

그는 드디어 거기에서 예수님을 구주와 주님으로 영접하여 하나님의 자녀로 거듭나게 된 것이다.

"두세 사람이 내 이름으로 모인 곳에는 나도 그들 중에 있느니라"

– 마태복음 18:20

"구하라 그리하면 너희에게 주실 것이요 찾으라 그리하면 찾아낼 것이요

문을 두드리라 그리하면 너희에게 열릴 것이니" – 마태복음 7:7

"볼찌어다 내가 문밖에 서서 두드리노니 누구든지

내 음성을 듣고 문을 열면 내가 그에게로 들어가 그로 더불어 먹고

그는 나로 더불어 먹으리라" – 요한계시록 3:20

"네가 만일 네 입으로 예수를 주로 시인하며 또 하나님께서

그를 죽은 자 가운데서 살리신 것을 네 마음에 믿으면 구원을 얻으리니

사람이 마음으로 믿어 의에 이르고

입으로 시인하여 구원에 이르느니라" – 로마서 10:9,10

"영접하는 자 곧 그 이름을 믿는 자들에게는

하나님의 자녀가 되는 권세를 주셨으니" – 요한복음 1:12

"학생, 오늘 죽으면 내일 천국에서 눈 뜰 수 있어?"

버스에서 만난 낯선 이의 이해할 수 없던 이 질문에 이제는 당당하게 "네, 나는 지금 죽어도 천국에 갑니다"라고 대답할 수 있었다.

자존심도 상하게 했고, 그간 교회생활을 부끄럽게도 했

던 질문이었지만 이때의 경험은 훗날 그의 사역에 큰 영향을 미쳤다. 구하면 반드시 만나주시는 주님이심을 깨달았기 때문이며, 또한 자기 자신처럼 교회를 오래 다니고, 학생들을 가르치고 했어도 구원의 확신이 없을 수 있다는 사실을 깨달았기 때문이다.

훗날 미국에서 사역 중에 만난 많은 청년들이 한 번에 복음을 받아들이는 경우가 많지 않았고, 매주 교회에 나오고 있었지만 구원의 확신이 없는 청년들도 많았다. 그는 이 사실을 누구보다 잘 알고 있었기에 신앙생활을 열심히 하는 청년이라도 언제나 본질인 복음이 제대로 마음 안에 자리하고 있는지부터 확인했다.

구원의 확신이 없는 청년들을 만난 그는 절대로 자리를 뜨지 않고 끈질기게 몇 시간이고 반복해서 성경을 찾으며 복음을 전했다.

오늘 내 눈앞에 있는 천하보다 귀한 이 영혼이 지금 예수님을 믿지 않는다면 당장 내일 일을 알 수 없기 때문이었다.

지금 눈앞에서 예수님을 구주와 주님으로 믿지 않는다면 이 청년은 내일 천국이 아닌 지옥에 갈 수도 있기 때문이었다. 이 사실을 예수님을 구주와 주님으로 영접하는 순간 깨달았기 때문에 그는 눈앞의 한 영혼을 위해 모든 열정과 에너지를 쏟았다.

구원에 대한 확신이 없어 이른 나이임에도 방황하는 굴곡 있는 생활이었지만 많은 이들의 헌신과 사랑 끝에 마침내 그는 예수님을 믿어 하나님을 만났고 진정한 그리스도인으로 거듭났기 때문이었다.

그 후 그는 조이 클럽에서 굉장히 열심히 활동했다.

그리고 그가 출석하던 불광동 성서침례교회에서도 청년회 간사로 청년들에게 복음을 전했고, 청년들도 그를 잘 따랐다.

청년 집회의 강사로 자주 서게 됐는데, 그때마다 그는 복음만을 강력하게 전했고, 강력하게 구원 초청을 했다. 그의 구원을 전하는 메시지는 정확했고, 복음 전달뿐 아니라 심방 등으로도 복음을 전하기 위해 최선을 다했다.

새롭게 변화된 삶은 새로운 푯대로 삶을 이끌었다.

수양회를 통해 구원의 확신은 있었으나 이때까지만 해도 그는 오로지 복음 전파에만 전념했다. 그러나 하나님은 이후의 인생길을 통해 하나님의 종이 되어 잃어버린 영혼들을 위해 살아가라는 분명한 사인을 주셨다.

얼마 후 그는 군에 입대하게 되었다.

병과는 포병이었으나 그는 구원을 확신하고 난 뒤에는

어디서나 당당히 복음을 전하고 그리스도인의 삶을 가르쳤기에 부대의 필요에 의해 군종병도 겸하게 됐다.

어떤 상황에서도 흐트러짐 없이 자기 할 일을 하는 모습을 통해 주변 군인들이 신앙의 힘을 자기도 모르게 느꼈는지 막사에서 성경을 읽던지 기도를 하던지 누구도 방해하지 않았다. 오히려 선임이던 후임이던 그를 찾아와 마음을 열어 가슴속 얘기를 털어놓고 상담을 요청했다.

"사실 내가 인생에 큰 회의감을 느끼고 있어. 어떻게 삶의 의미를 찾을 수 있을까?"

정답은 예수 그리스도였다.

"요즘 자꾸 우울한 생각만 들고 삶의 의욕이 없어. 어떻게 해야 되지?"

정답은 예수 그리스도였다.

소대에서뿐만 아니라 교회에 오는 장병들 중에도 교회를 다니고는 있으나 신앙에 확신이 없는 사람들이 많았다. 이들과 더불어 성경이 믿어지지 않고 많은 의문을 가진 사람들까지 찾아왔다. 군대 생활 내내 상담을 하고 복음을 전했다고 해도 과언이 아닐 정도로 그의 군 생활은 그야말로 사역의 자리였다. 그는 조이 클럽에서의 기도 지원과 성경 공부 자료의 지원을 받으며 많은 열매를 맺게 되었다.

그는 군 생활을 통해 두 가지 사실을 깨달았다.

첫 번째는 자신이 세상에서 가장 불행한 사람이 아니라는 사실이었다.

양친이 살아계심에도 천애 고아처럼 길거리에서 잠을 자며 노숙자처럼 살았던 그였지만 군대에는 정말로 온갖 사연을 가진 사람들이 많았다.

그동안 그의 인생을 관통했던 중심 생각인 "내가 세상에서 가장 불행한 사람이다"라는 생각이 군대에서 깨졌다.

그의 인생 역시 누구보다도 힘들고 어려웠지만 그보다 더한 사람들도 있음을 군 생활을 통해 알게 됐다. 만약 그러한 고난이 없었더라면 이들의 마음을 이해할 수 없고 상담을 통해 복음을 전할 수 없을 것이라는 생각까지 들었다. 주님을 만난 뒤에는 그 힘들었던 과거마저 모든 것이 놀라운 하나님의 은혜이자 인도하심이었음을 깨닫게 되었다.

"우리가 알거니와 하나님을 사랑하는 자 곧 그 뜻대로 부르심을 입은 자들에게는 모든 것이 합력하여 선을 이루느니라" – 로마서 8:28

두 번째는 가장 큰 기쁨이 영혼 구원에 있다는 사실이었다.

사람을 상대하는 일은 잠깐은 좋을지 몰라도 금세 피폐

해진다. 평생을 함께 한 부부와 가족 간에도 마음이 맞지 않아 갈등이 생기는데 생판 모르는 남들, 그것도 억지로 군대에 온 사람들 간에는 오죽하겠는가….

게다가 상담은 일반적인 관계 형성보다도 훨씬 더 많은 에너지와 절제를 필요로 한다. 하물며 군 생활이라는 위계질서가 있는 특수한 상황에서의 상담은 사회에서의 상담보다도 몇 배는 힘든 일이었다.

그럼에도 그의 위로와 복음, 삶을 통해 한 영혼, 한 영혼이 변화되고 있었다.

삶의 희망을 찾고, 다시 교회에 나오고, 눈물을 흘리며 찬양하는 변화된 한 사람 한 사람을 바라보는 기쁨은 세상의 그 어떤 것으로도 느낄 수 없는 기쁨이었다.

그는 군 생활을 통해 세상에는 정말로 어렵고 힘든 사연이 있는 사람들이 많으며 그런 사람들도 복음으로 변화될 수 있다는 사실을 뼈저리게 느꼈다. 또한 그 일을 통해 얻는 기쁨은 세상의 그 무엇과도 비교할 수 없는 상급이었다.

"이와 같이 죄인 한 사람이 회개하면 하늘에서는 회개할 것 없는 의인 아흔 아홉으로 말미암아 기뻐하는 것보다 더 하리라" – 누가복음 15:7

"이와 같이 죄인 한 사람이 회개하면 하나님의 사자들 앞에 기쁨이 되느니라" – 누가복음 15:10

2

서울
Seoul

NEW YORK
The Empire State

극동방송에서의 사역

그는 제대 후에 극동방송에 입사했다.

극동방송에서 상담 실장, 전도 부장, PD, 방송 진행자까지 역임했지만 시작은 말단부터였다. 영혼 구원에 대한 열망 말고는 방송이나 글을 전공한 것도 아니었고 아는 것도 별로 없다고 생각했기 때문에 그는 밑바닥부터 실력을 갈고닦았다.

방송국 일을 배우면서 책을 사서 읽고 미국 기독교 방송과 AFKN을 청취하거나 시청하면서 더 좋은 방송을 위한 연구를 했다. 그때 AFKN에서는 정규 방송에 미국에 있는 유명 목사님들의 설교를 자주 방영해 주었다. 지금이야 한국 문화가 세계를 선도하고 있지만 당시만 해도 일본, 미국의 프로그램들이 훨씬 더 높은 수준이었다.

그는 더 좋은 방송으로 복음을 효과적으로 전해야만 한 영혼이라도 더 살릴 수 있다고 생각했기에 효율적인 방송으로 복음을 전파하기 위해 매일 보고, 듣고, 읽은 내용들을 토대로 복음 전파에 대한 새로운 구상을 하게 되었다.

'이 정도면 되겠다' 싶은 생각이 들었을 때 그동안 정리한 내용을 방송 부서의 책임자에게 보여드렸다. 책임자는 기획안을 보자마자 일언반구도 없이 "바로 방송해봅시다!"라며 프로그램을 편성했다. 아마추어였기에 손을 좀 봐야 할 줄 알았지만 그동안의 연구와 고뇌가 빛을 보았는지 대부분의 아이디어가 그대로 사용됐다.

그렇게 시작된 방송이 「젊은이여, 여기에 참 삶이」였고 그가 직접 제작과 진행을 맡았다.

그는 사역의 방향과 목표가 분명했다.

청년 때 예수님을 만난 그는 청년들에게 복음을 전했고, 청년들이 변화되어야 세상이 변한다고 생각했다. 그런 생각과 고뇌가 방송 프로그램에도 그대로 드러났다. 그가 진행하던 방송은 큰 인기를 끌었다. 신앙으로 방황하던 청년, 우연히 라디오를 통해 방송을 들은 청년들이 이 프로그램을 통해 예수님을 만나게 됐다는 간증이 끊임없이 들려왔다. 그중에서도 잊을 수 없는 기억은 직접 그를 만나러 온 한 청년의 이야기이다.

평소처럼 방송을 마치고 정리를 하고 있는데 한 청년이 방송국으로 그를 찾아왔다. 한눈에 보기에도 세상의 온갖

방송 진행 사진

근심 걱정을 껴안고 있는 듯한 표정이었다.

사정을 물으니 청년이 금방이라도 울 것 같은 표정으로 자기가 찾아온 이유를 말했다.

"저는 오늘 자살하려고 결심했었습니다. 죽을 준비를 다 해놓고 잠깐 라디오나 듣자 싶어서 켰더니 이 방송이 나오더군요. 잠깐 듣다 끄려고 했지만 결국 끝까지 듣게 되었습니다. 그냥 라디오 방송 하나 들었을 뿐인데 '자살을 하면 안 되겠다'라는 생각이 거짓말처럼 들었습니다. 다시 살아야겠다는 생각이, 주님을 전심으로 찾아봐야겠다는 생각이 들었습니다. 이 방송을 듣고 누군가는 정말로 생명을 얻었다는 말씀을 꼭 전해드리고 싶었습니다."

청년은 그날 상담을 통해 복음을 듣고 주님을 영접하게 되었다. 그리고 얼마 후 다시 청년이 찾아왔다.

"한 가지 부탁을 드려도 괜찮을까요?"

"어떤 부탁이십니까?"

"저희 어머니께도 제가 들은 이 복음을 전해주십시오."

청년이 세상을 떠나려고 했던 문제는 어머니와도 많은 연관이 있었다.

그런데 오늘 죽을 생각이었던 자신을 변화시킨 이 복음이 자기 어머니도 변화시킬 수 있다고 청년은 진심으로 믿었다. 그래서 그에게 어머니의 전도를 부탁하려고 어머니를 모시고 다시 방송국을 찾아온 것이다.

그의 어머니에게 아들의 뜨거운 간증을 말씀드리며 차근차근 복음을 전해드리자 눈물을 흘리며 예수님을 구주와 주님으로 영접했다.

이 얼마나 놀라운 경험인가?

제목 그대로 한 젊은이에게 참 삶이 전해졌고, 그 삶을 통해 어머니가, 한 가정이 구원받는 놀라운 역사가 일어났다. 세상에서 일어날 수 있는 가장 위대한 기적을 눈앞에서 목격했다.

'내가 이런 일로 주님께 쓰임 받을 수만 있다면 남은 내 인생 어떻게 되든지 주님의 손에 맡기리이다.'

주님을 만나고 난 뒤 많은 사람들을 만나고 복음을 전하며 세상에서 가장 귀한 일이 복음을 전하는 일이라는 사실을 다시 확인하게 된 순간이었다. 정말로 하나님께 영혼을 구하는 일로만 쓰임 받을 수 있다면 무슨 일이든 할 수 있다는 생각으로 모든 선교와 사역을 감당했다.

당시 극동방송에서 그와 함께 일했던 백인숙 씨와 김미정 씨의 공통된 의견이다.

"김두화 상담 실장은 영혼 구원에 대한 관심이 대단했습니다. 청취자 한 사람 한 사람을 일일이 철저히 보살폈고, 그로 인해 다른 업무가 늦어진다고 책임자가 지적해도 상담해야 할 사람을 상담했고, 상담할 내용을 제목별 사례로 체계적으로 분류해 문서화하여 공유할 수 있게 하였는데, 무엇보다도 한 영혼이 예수님을 영접할 때까지 몇 시간이 걸리든 집요하고 끈질기게 복음을 전했습니다. 복음 전파와 구령에 대한 열정과 열심이 대단했어요."

그는 당시 극동방송에서 방송 설교를 하는 목회자 중에 비 복음적이라고 느껴지거나 청취자들로부터 이상하다는 의견이 들어오면 그 교회에 방문해서까지 복음적으로 문제가 있는지 세세히 확인하였다. 그러던 중에 플리머스 브레드린 모임에서 김용호 형제(현, 나침반출판사 대표)를 만나게 되었고 그들은 평생 주님 안에서 동역과 사귐을 나누었다.

당시 그는 자신의 비전을 다음과 같이 정하고 비전대로 살아가려고 노력했다.

< 나의 Vision : 이렇게 살자 >

- **나의 철학 Motto** / 오늘이 나의 남은 인생의 첫날이며
  오늘이 나의 남은 인생의 마지막 날처럼 살자

- **나의 지혜** / "여호와(하나님)를 경외하는 것이
  지혜의 근본이요
  거룩하신 자를 아는 것이 명철이니라"(잠언 9:10)

- **나의 비전** / "대저 물이 바다를 덮음같이
  여호와의 영광을 인정하는 것이
  세상에 가득하리라"(하박국 2:14)

오엠에서 품은 선교의 꿈

국제 선교 단체이자 NGO인 오엠선교회(Operation Mobilisation: OM)는 빌리 그래함 목사의 전도 대회에 참여했다가 회심한 조지 버워(George Verwer)와 친구들이 선교여행을 떠나며 시작된 단체다.

남미와 소련 등지에서 출판과 성경 보급으로 선교를 하던 오엠은 1970년대부터 큰 배를 구입해 전략적으로 동남아와 북미, 남미를 돌며 복음을 전했다.

항구에 도착하면 팀을 이뤄 여러 지역을 찾아 복음을 전

- **나의 재산** / "비록 무화과 나무가 무성하지 못하며
  포도나무에 열매가 없으며
  감람나무에 소출이 없으며 밭에 먹을 것이 것이 없으며
  우리에 양이 없으며 외양간에 소가 없을지라도
  주 여호와는 나의 힘이시라 나의 발을 사슴과 같게 하사
  나를 나의 높은 곳으로 다니게 하시리로다"(하박국 3:17−19)

- **나의 사명** / "예수께서 나아와 말씀하여 이르시되
  하늘과 땅의 모든 권세를 내게 주셨으니
  그러므로 너희는 가서 모든 민족을 제자로 삼아
  아버지와 아들과 성령의 이름으로 침례(세례)를 베풀고
  내가 너희에게 분부한 모든 것을 가르쳐 지키게 하라
  볼지어다 내가 세상 끝날까지 너희와 항상
  함께 하시니라 있으리라 하시니라"(마태복음 28:18−20)

하며 구호와 봉사까지 겸비한 오엠의 사역은 당시 선교계에 매우 획기적이고 신선한 바람을 일으켰다.

"빛을 전하라(Send The Light!)"라는 구호에 맞게 기독교가 거의 전파되지 않은 지역을 주로 찾아갔던 오엠은 전 세계 많은 성도들이 단기선교로라도 참여하고 싶어 했던 선교의 이상향이었다.

1975년에 오엠 선교선 로고스가 처음 인천항에 정박했을 때도 부두와 선상에 책을 전시해 놓고 찾아온 이들에게 문서 선교를 했고, 노방전도를 비롯한 많은 영향력을 한국에 끼쳤다. 선교를 꿈꾸는 많은 청년들이 오엠에 가서

훈련받기를 꿈꿨다.

그가 극동방송에 근무하고 있을 때, 극동방송 2층에는 팀 선교회의 사무실이 있었고 그곳에 최종상 선교사가 팀 선교회 신임 총무로 부임해 왔다.

선교에 관심이 많았던 그와 최 선교사는 매일 점심시간이면 정원에서 만나 선교를 주제로 다양한 대화를 나누며 교제와 선교에 대한 비전을 나누면서 깊은 우정을 가꿔나갔다.

김두화 실장은 이미 1975년에 선교선 '로고스'를 타다가 돌아온 문정선 선교사의 간증을 듣고, 1978년 인천항에 정박한 '로고스'를 보면서 복음선을 타고 아직 복음이 전해지지 않은 어두운 땅에 빛을 전하는 일의 기쁨과 보람이 얼마나 큰지를 느꼈다. 그리고 그의 마음에 선교에 대한 열정과 미지에서의 복음 전파에 대한 기대감이 불붙기 시작했고 '로고스'에서 선교 훈련을 받을 수 있기를 기도했다.

조이 클럽이 시작할 때는 글로벌 크리스천 리더를 세우기 위한 크리스천 영어 모임이었다.

이후 영어보다 복음 쪽으로 방향을 바꾸어 조이 미션(JOY MISSION)으로 이름을 바꾸었는데 이름을 바꾼 만큼 소속 청년들을 선교사로 파송해야 할 책임이 있다는 쪽으로 여론이 모아졌다. 그는 조이 미션에서 리더로 중추적인 역할을 계속 담당하고 있었고, 선교에 대한 비전이 강해서 오엠 로고스 선에 탑승하기 위해 면접을 봤다. 당시 조이 미션은 로고스 파송 적임자로 그와 한 자매를 뽑았다.

여러 나라를 돌아다녀야 하기에 여권이 반드시 필요했는데 당시에는 지금처럼 누구나 쉽게 해외에 나갈 수 있는 시대가 아니었기에 여권을 만들기가 쉽지 않았다. 결국 두 사람 모두 여권을 발급받지 못해 오엠에 들어갈 수 없었다. 그는 열심히 기도하며 열망했는데 여권이 나오지 않자 '지금은 하나님이 기도에 응답하시지 않는다'라고 생각했다.

1978년 6월과 7월에 로고스 선교선이 다시 부산과 인천을 방문했다.

이때 최종상 선교사는 부산과 인천을 다니며 자원봉사자로 로고스 사역을 돕다가 그때 받은 비전으로 결국 1979년 6월 로고스에 선교사로 가게 되었다. 팀 선교회가 정부에 등록된 재단법인이었기에 거기서 총무로 일한 경력이 인정되어 일 년짜리 단수 여권을 발부받을 수 있었다. 그 후 1980년 7월 로고스가 다시 부산과 인천을 방문하게 되었는데 최 선교사는 로고스 한국 방문을 준비하기 위해 2월에 미리 귀국했다.

그때 그는 '로고스'에서 일하는 최종상 선교사와 자주

만나 선교에 대해 집중적으로 교제하면서 더욱 열심히 기도하며 하던 일을 정리하고 다시 '로고스' 선교 훈련을 준비했다.

드디어 주님의 때가 왔는지 김두화 실장의 여권이 제때 나와 로고스 호에 승선할 수 있었다. 그는 불광동 성서침례교회와 조이 미션의 파송을 받아 2년 동안 세계 각지를 돌며 선교 현장에서 선교사로 복음을 전할 수 있었다.

20대 젊은 날의 김두화 목사와 최종상 선교사, 윤문선 목사

오엠은 복음을 전할 때 항상 다인종으로 팀을 꾸려야 된다는 원칙이 있다.

그러나 한인교회가 있는 지역을 방문할 때는 한국인들로만 팀을 구성했다. 필리핀 등지의 한인교회를 방문할 때는 거의 김두화 선교사가 메시지 전파를 맡았는데 구원의 진리를 탁월하게 풀어 교회를 처음 방문하는 사람들도 구원에 대해 쉽게 이해했다.

하나하나 세세하게 적기 힘들 정도로 방문하는 선교지마다 많은 영혼들이 주님께로 돌아오고 다시 주변에 복음을 전하는 역사들이 많이 일어났다.

새로운 나라를 방문할 때마다 사역의 방향은 오직 선교여야 한다는 김 선교사의 생각은 더욱 확고해졌고, 한 영혼이 정말로 천하보다 귀하다는 말씀들이 마음으로 와 닿았다. 김 선교사는 오엠에서의 사역을 통해 하나님의 살아 계심을 선교 일선에서 체험하는 소중한 경험을 얻었다.

동남아를 거쳐 독일로 선교를 떠났을 때도 비슷한 일이 있었다.

마르틴 루터가 종교 개혁을 일으켰고, 본 훼퍼와 같은 20세기의 내로라하는 신학자들을 배출한 독일은 이제 역으로 외부로부터 복음을 받아야 하는 영적인 불모지가 되어가고 있었다. 김 선교사는 미국에서 온 한 형제와 같은 조가 되어 독일 길거리에서 하루 종일 전도지를 나눠주고 있었다.

오엠선교회는 하나님의 능력을 체험하기 위해 선교지에서 사비를 쓰는 것을 금지하는 규칙이 있었다. 때문에 선교 중에 신앙서적을 팔아 번 돈이나 누군가의 대접으로 식사를 해야 했다. 딱딱하고 냉철한 독일 사람들은 전도지만 받고 휙휙 지나쳐갔고 누구 하나 관심을 갖는 사람이 없었다.

신앙 서적 역시 팔릴 리가 만무했다.

점심도 못 먹고 쫄쫄 굶고 있는데 갑자기 비까지 내렸다. 밥은 고사하고 따뜻한 차 한 잔이라도 마셨으면 좋겠다는 생각이 든 김 선교사는 잠시 미국인 동역자 형제와 간절한 마음으로 기도를 했다.

다시 전도지를 열심히 돌리고 있는데 문득 한 독일인이 찾아와 말을 건넸다.

"어디에서 오셨나요? 저도 크리스천입니다. 제 집이 근처인데 혹시 차를 한 잔 대접해도 될까요?"

함께 있던 미국인 형제가 김 선교사를 바라보며 눈을 동그랗게 떴다고 한다. 기도를 했지만 정말로 바로 응답받을 줄은 몰랐기 때문이다. 두 사람은 독일인 형제의 집에 가서 배불리 식사도 하고 따뜻한 차로 몸도 녹이며 깊은 교제를 했다.

'하나님을 위한 일을 하는 사람의 작은 기도도 하나님은 놓치지 않으신다.'

김 선교사가 사역지에서 이런저런 고생을 하며 얻은 깨달음이었다.

주님의 놀라운 은혜를 삶으로 체감한 김두화 선교사는 사역 현장에서는 언제나 두려움을 모르는 역전의 용사였다. 돈이 없어도, 상대가 완강히 거부해도, 심지어 다른 종교를 가지고 있다 해도 담대히 복음을 전했다. "믿는 자에게는 능치 못함이 없다"라는 주님의 말씀이 김 선교사의 사역 현장에서 펼쳐지고 있는 것 같았다.

"예수께서 이르시되 할 수 있거든이 무슨 말이냐 믿는 자에게는 능히 하지 못할 일이 없느니라 하시니" – 마가복음 9:23

복음이 사람을 살리고 세상을 변화시킨다는 사실을 믿었던 김 선교사는 단 한 명이더라도 눈앞에 하나님이 주신 영혼을 결코 포기하지 않았고 끝까지 품었다. 이는 말씀으로 들어 머리로만 아는 지식이 아니라 선교 현장에서 직접 느낀 경험이었기에 더 간절했다.

김두화 선교사는 2년의 사역을 마치고 한국으로 돌아왔지만, 오엠을 비롯한 세계 곳곳의 선교지에 지속적인 후원을 하며 관심을 끊지 않았다. 훗날 미국에서 개척한 교회에서 선교에 관심 있어 하는 청년들을 오엠에 추천해 로고스선에 승선 시킬 정도였다.

일상에서도 우리와 동행하시고 역사하시는 하나님이시지만 선교지에서 일어나는 하나님의 역사하심은 더욱 강렬하며 특별히 영혼 구원을 향한 강한 열망을 품게 된다. 선교지에서 복음을 전함으로 그리스도의 제자라는 정체성을 더욱 뚜렷하게 자각할 수 있는 것이다. 이 사실을 일찍부터 알았기에 김두화 선교사는 이후의 사역에서 힘들고 어려워도 선교라는 방향성을 한 번도 잃지 않았다.

미국으로의 유학

한국으로 돌아온 김 선교사는 곧 피어선 선교사의 도움과 추천으로 미국 Word of Life Bible Institute(뉴욕 캠퍼스)에 입학하기 위해 미국으로 떠났다.

캠프에서 하나님을 인격적으로 만났던 김 선교사는 이후 군 생활과 극동방송에서의 경험을 통해 영혼의 소중함을 깨닫고, 영혼을 살리는 일, 즉 하나님의 종이 되어 사역자의 길을 걸어가기로 마음을 정했다.

Word of Life Bible Institute는 청소년 캠프 사역으로 세계적 권위가 있는 학교로 전 세계 여러 곳에 캠퍼스가 있다. 성경을 집중적으로 배우는 복음주의 학교이고, 모든 학생은 성경 전체를 거의 세 번 이상 읽어야 한다. 또한 겨울 캠프와 여름 캠프를 통해 일상적인 사역에 성경 지식을 적용하는 훈련을 받는 곳으로 김 선교사의 비전에 맞는 학교였다.

김 선교사는 열심히 공부하고 학생들에게 모범이 되는 장학생이었다. 재학 시절 총장인 잭 월츤(Jack Wyrtzen) 박사는 당시 김 선교사를 무척 아끼고 사랑했다. 이분들의 도움으로 김 선교사도 영혼을 변화시키는 사랑과 열정이 어떤 것인지를 직접 경험하며 깨달을 수 있었다.

그런데 그때 메릴랜드에 있는 워싱톤제일한인침례교회(지금은 지구촌교회)에서 이상훈 집사장이 김 선교사를 만나려고 뉴욕에 있는 학교까지 찾아왔다. 당시 서울침례교회 담임이셨던 이동원 목사님(현, 지구촌교회 원로목사)이 워싱톤제일침례교회에 초빙되어 오시기로 했는데 일정이 늦어져 이 목사님이 부임하기 전까지 말씀을 전해줄 사람을 찾고 있었다. 평소 김 선교사의 믿음을 잘 알고 있는 이 목사님의 추천으로 주일 예배 때에 말씀을 부탁하기 위해서 그를 찾아온 것이었다.

당시 학교로 찾아온 이상훈 집사님이 김 선교사 그리고 워싱톤교회와 인연을 갖게 된 배경과 과정의 회고담을 소개한다.

"저는 1974년 워싱턴 D.C. 근교의 제일한인침례교회(현 워싱턴 지구촌 교회)의 창립 초 고(故) 김현칠 목사님을 모시고 이 교회를 섬기며 초대 안수집사로 섬기던 사람입니다. 이 교회 창립 목사로 섬기시던 김현칠 목사님께서는 교회를 크게 부흥시킨 후에 그의 교회 개척에 대한 은사를 인정받아 1982년에 미 남침례교단 국내 선교부에서 한인들과 소수 민족이 가장 많이 살고 있는 미 서부 캘리포니아 지역 소수 민족 교회 개척 담당 책임자로 초청을 받게 되었습니다.

그 무렵 우리 교회 성도들이 서울 침례교회 담임 목사이면서 새 생활 세미나 강사로 널리 알려진 이동원 목사님을 처음 알게 되었고 그 집회에서 30대의 젊은 이동원 목사님의 말씀을 통해 많은 사람들이 큰 은혜를 받는 기회가 되었습니다.

한편 김현칠 목사님께서는 본인이 캘리포니아로 가게 되면 이동원 목사님을 후임으로 모시면 좋겠다는 파격적인 제안을 했고 교회에서는 이동원 목사님을 김현칠 목사님의 후임으로 모시는 일에 의견을 모으고 기도하면서 이동원 목사님을 초빙하는 것으로 했습니다. 이동원 목사님도 김현칠 목사님의 제안을 수락할 의사가 있음을 밝히셨기에 공식적인 절차를 진행하기로 했습니다.

　김현칠 목사님은 교단의 요청에 따라 캘리포니아에 국내 선교사로 파송하는 계획을 세우고 이동원 목사님을 모시기 위한 청빙위원회를 구성하고 기도하며 이동원 목사님을 초청하는 절차를 진행했습니다. 김현칠 목사님이 캘리포니아 지역으로 옮기시는 시점과 이동원 목사님의 부임 일정을 조정하며 진행하였습니다.

　당시에는 이 목사님과 가족의 비자 신청 절차가 생각보다 순조롭게 진행되어 1982년 말 안에 비자가 발급될 것으로 예상 되었습니다. 그래서 교회에서는 1982년 말로 김현칠 목사님은 담임 목사직을 사임하고 미국 서부 캘리포니아로 가시는 계획을 세우고 이동원 목사님께는 1983년 초에 부임하시도록 계획을 세웠습니다.

　그런데 당시 이동원 목사님의 한국 사역 마무리가 생각보다 늦어져 예정보다 늦게 미국으로 오시게 됐는데 이미 1월에 캘리포니아 주 교단에 부임하기로 통지를 한 상태가 되어 난감한 상황이었습니다. 그때 이 목사님이 그 공백 기간 동안 김두화 전도사님께 교회 사역을 맡기면 좋겠다고 하셨고, 교회도 동의해 제가 교회의 뜻을 받아 모시기 위해 뉴욕에 갔습니다."

당시 학업과 사역을 같이 하기가 결코 쉬운 일은 아니었다. 그리고 뉴욕에서 워싱턴까지 오가며 사역을 하기에는 힘든 거리였다. 무엇보다 교통 편이 너무나도 불편했다. 자가용도 없고, 한국처럼 한 번에 갈 수 있는 교통수단이 없어, 교회 사역을 위해 금요일 학교 수업이 끝나면 바로 택시-기차-버스-전철을 타고는 역에 마중 나오신 분의 자동차까지 타고서야 교회에 도착했다.

정말로 비행기 빼고는 미국에 있는 교통수단을 다 탈 만큼 힘겨운 노력이 필요했다.

그러나 김 선교사는 기도 중에 그 사역을 감당하기로 했다. 항상 '영혼 먼저!'인 김 선교사였고, 하나님이 맡겨주신 갈급한 영혼들이 그 자리에 있었기 때문이다. 그리고 김 선교사를 신뢰하여 추천한 이동원 목사님의 요청이었기에 그 사역을 기쁘게 감당했다.

군대에서도, 극동방송에서도, 오엠 로고스에서도, 미국으로 유학을 와 학교를 다니면서도 김 선교사의 인생은 늘 사역의 길 위에 있었다. 하나님의 특별한 인도하심이 있다고 설명할 수밖에 없는 인생이었다.

워싱톤제일침례교회 사역

워싱톤제일침례교회에서의 사역이 시작됐다.

교회에 무슨 큰 문제가 있는 것은 아니었다. 예배도 잘 드렸고, 성도들 간의 사이도 별다른 문제가 없었다. 그러나 그 당시에는 복음에 대한 확신, 구원에 대한 확신이 없는 성도들이 많은 것 같았다.

김 선교사는 새생명반을 만들어 제자훈련을 시작했다.

지금이야 '제자훈련' 프로그램이 없는 교회를 찾는 것이 더 어려울 정도로 보편화되어 있고 훈련도 굉장히 세분화되어 있지만 당시에는 '제자훈련'이라는 단어조차 생소한 시절이었다.

그야말로 제자훈련 1세대 시대였다.

무엇보다 성도들의 반감도 만만치 않았다. 예배하고, 말씀보고, 기도하고 다 하는데 왜 예배 끝나고 나서까지 성경 공부를 또 해야 하는지 이해하지 못하는 성도들도 있었다. 그럼에도 김 선교사는 단 한 명만 변화시킬 수 있다면 다른 사람들도 변화되는 건 시간문제라는 것을 그동안의 삶을 통해 알고 있었다.

새롭게 개설된 새생명반에 말씀에 갈급한 성도들이 참석했고, 그들은 말씀을 통해 하나님을 만났고 진정한 확신을 얻었다. 변화된 성도의 삶이 달라졌고 열매가 맺기 시작했다. 주님을 만난 성도의 삶은 그 가운데 맺히는 열매로 분명하게 판가름할 수 있다.

"이러므로 그들의 열매로 그들을 알리라" - 마태복음 7:20

성령의 사람은 성령의 열매를 맺는다.

교회는 다니지만 말씀을 알지 못하고 세상에 매여 살아가는 사람은 아무리 교회를 오래 다니고 직분을 맡는다 하더라도 삶에 열매가 없다. 김 선교사는 누구보다 이 사실을 가장 잘 알고 있었다.

다른 성도들이 보기에도 말씀을 공부하는 성도들의 삶이 변하자 매주 반에 참여하는 성도들의 수는 점점 늘어나곤 했다.

성도들 역시 제자 됨의 기쁨을 느끼는 것 같았다. 구원의 확신이 없는 성도들도 수업을 들을 때마다 표정이 달라지는 게 느껴졌다. 상식적으로 예배가 끝나고 여러 가지 활동을 하며 시간을 보내는 것과 앉아서 어려운 성경 말씀을 보는 것 중에 뭐가 재밌고 신나겠는가? 교회 다니는 사람들의 생각으로도 상식적으로 세상일이 더 재미가 있다고 대답할 것이다. 그렇다면 아직 진정한 복음을 만나지 못한 것이다. 주님이 주시는 기쁨은 결코 세상의 기쁨과 비길 수 없다. 하나님의 말씀은 다윗의 고백처럼 정말 어느 것과도 비교할 수없이 꿀보다 달다.

> "주의 말씀의 맛이 내게 어찌 그리 단지요 내 입에 꿀보다 더 다니이다"
>
> – 시편 119:103

성도들이 처음에 어떤 마음으로 참석했는지 알 수는 없지만 수업을 하면 할수록 눈빛이 달라졌고 삶이 달라졌다. 변화된 성도들의 모습을 보고 과연 뭐가 있나 싶어 다른 성도들도 몰려오기 시작했다. 얼마 지나지 않아 거의 대부분의 성도들이 제자훈련에 참여했다.

한 영혼이라도 제대로 복음을 믿고 변화되면 가정이 구원받고 주변 사람들이 알아서 교회에 찾아오는 '큰일'이 일어난다. 김 선교사는 무엇보다 더 큰 능력인 하나님의 말씀의 힘을 한평생 믿고 살았다.

언제부턴가 정해진 시간이 끝나도 성도들이 집으로 가지 않았다. 계속해서 성경을 공부하며 서로 나누다 보니 점심을 먹고 다시 앉아서 말씀을 공부했다. 점심을 먹고 이어지던 모임은 또다시 길어져 저녁까지 지어먹게 됐고 그러고도 누구 하나 교회를 떠나지 않고 계속해서 말씀을 공부했다.

그러던 어느 날 김 선교사는 충격적인 고백을 들었다.
교회의 한 권사님이 김 선교사를 공항으로 데려다주면서 솔직한 마음을 토로했다.
세상 누구에게도 말하기 어려운 내용이었다.
"선교사님, 저는 솔직히 말씀드리면 구원의 확신이 아직 없습니다. 저 말고 다른 성도들은 모두 구원받은 것 같은데 하나님은 왜 저만은 만나주시지 않을까요?"

교회 생활을 수십 년 동안 하셨고, 권사 직분을 맡은 분이 "아직 구원의 확신이 없다"라고 말씀하시니 놀라지 않을 수 없었다. 그러나 고맙고도 아름다운 고백이었다.
믿지 않는 것보다 두려운 죄가 믿는 척하는 것이다.
믿지 못하는 사람은 복음을 전해 믿게 할 수 있지만 믿는 척하는 사람, 믿는 줄 착각하는 사람은 도저히 회심시킬 방도가 없다. 하물며 이미 교회생활을 수십 년 하신 분이 어디 가서 이런 솔직한 심정을 말할 수는 없었을 것이다. 사람을 직분으로 보지 않고 오직 복음에 집중하는 김 선교사였기에 권사님은 솔직하게 속내를 털어놓을 수 있었다.

이 말을 들은 김 선교사는 바로 공항에서 집사님을 자리에 앉히고 다시 성경을 펼쳤다.

다시 복음, 또다시 복음이었다. 예수그리스도의 복음이 아니고서는 누구도 주님을 만날 수 없었다. 정말로 김 선교사는 복음에는 적당히가 없었다. 누구를 만나더라도 어디서 만나더라도 앉은 자리에서 포기하지 않고 끝까지 복음을 전했다. 주님이 찾으시는 영혼이 아무리 먼 거리에 있어도 상관없었고, 복음을 전하다 비행기를 놓쳐도 상관없었다. 지금 눈앞에 하나님이 붙여주신 이 영혼이 당장에 하나님을 만나고 오늘 죽어도 천국에 간다고 고백하게 되는 일이 더욱 중요한 일이었다.

"사람이 무엇을 주고 자기 목숨과 바꾸겠느냐" – 마가복음 8:37

오늘 10분, 오늘 한 시간, 오늘 하루를 투자해 한 사람의 생명을 바꿀 수 있다면 누구나, 얼마든지 시간을 투자하겠다고 대답할 것이다. 전도가 바로 그런 일이다. 이 일보다 더 중요한 일은 그리스도인에게 있을 수 없다.

길거리에서 자라 죽을 뻔한 위기를 넘기며 주님을 만난

김 선교사는 복음이 생명이라는 사실을 뼛속 깊이 느끼고 있었다. 따라서 김 선교사에게 눈앞의 영혼에게 복음을 전하는 일보다 중요한 일은 없었다. 그 일을 위해 사역을 하고 학업을 하고 주님의 종이 된 것이다.

얼마 되지 않아 이동원 목사님이 워싱톤제일침례교회 담임목사로 부임하게 됐고, 김 선교사도 학교를 졸업하고 자연스럽게 이동원 목사님과 전도사로 동역하게 되었다.

이동원 목사님은 김두화 전도사에게 청년 대학부와 새신자반을 맡겼다. 가야 할 길을 잃어버린 유학생들에게 복음을 전하고 뜨거운 열정을 부어줄 적임자는 김 전도사였다. 힘든 학업 중에도 감당했던 교회와 다른 사역들은 이때를 위한 하나님의 훈련이나 마찬가지였다.

1980년대 미국의 문화는 지금과는 판이하게 달랐다.
인종 차별 문제로 LA에서 대규모 폭동이 일어났던 때가 1992년이었다. 한국이 어딘지도 모르는 미국인이 많았던 그 시절이라 대부분의 유학생들은 어디서나 은연중에 무시와 차별을 당했고 그 결과 삶은 피폐할 수밖에 없었다.

성공하는 사람이 되려고 열심히 공부해 미국까지 왔으나 현실의 벽이 너무 높았고, 무엇 때문에 살아야 하고, 무엇을 위해 살아야 하는지 몰라 방황하는 유학생들이 많았다. 대학부 예배는 매주 금요일이었는데 어떤 학생은 교회 앞에서 뒷주머니에 술병을 감추고 들어오기도 했다. 술을 마시다 교회에 오는 건 상관이 없었다.

하지만 굳이 술병을 들고 오는 이유가 무엇이겠는가?

오면서도 술을 마셨고, 예배를 마치고 가면서도 술을 마시겠다는 이야기였다. 일부 유학생들은 잠시도 술이 없으면 버티지 못할 정도로 삶과 영혼이 피폐해져 있었다.

이들을 위해 해줄 수 있는 일이 무엇일까?

역시 복음뿐이었다. 역시 하나님의 말씀뿐이었다.

김 전도사는 다시 한 영혼, 한 영혼을 찾아가 복음을 전하고 철저히 하나님의 말씀 위주로 가르치고 양육했다. 특히 새신자반도 '새생명'이라는 책으로 제자훈련을 했다. 당시는 제자훈련 1세대 때였다. 김 전도사는 하나님의 말씀이 진정으로 사람의 마음에 들어갈 때 어떤 일이 일어나는지 지금까지 많이 목격했다. 마치 메마른 뼈와 같은 삶을 살고 있는 이 사람들을 살릴 방법은 오직 하나님의 말씀밖에 없었다. 저 안으로 말씀만 들어간다면 모든 문제는 자연스럽게 해결될 수밖에 없음을 믿고 있었다.

"또 내게 이르시되 너는 이 모든 뼈에게 대언하여 이르기를
너희 마른 뼈들아 여호와의 말씀을 들을지어다

주 여호와께서 이 뼈들에게 이같이 말씀하시기를

내가 생기를 너희에게 들어가게 하리니 너희가 살아나리라

너희 위에 힘줄을 두고 살을 입히고 가죽으로 덮고

너희 속에 생기를 넣으리니 너희가 살아나리라

또 내가 여호와인 줄 너희가 알리라 하셨다 하라" – 에스겔 37:4-6

그렇게 한 주 한 주가 지날수록 주님을 진심으로 영접하는 청년들이 생겨났고, 풍성한 열매가 맺히기 시작했다. 하나님의 말씀으로 진정한 그리스도인이, 진정한 제자가 되는 청년들이 생겨났다.

성령 충만하며 말씀을 열망하는 반짝이는 눈빛을 가진 청년들을 마주하는 김두화 목사의 가슴에는 한 가지 꿈이 피어나기 시작했다. 그 꿈은 분명 불가능한 꿈이었으나 요셉의 꿈처럼 하나님이 주신 비전이라는 확신이 들었다.

"오직 성령이 너희에게 임하시면 너희가

권능을 받고 예루살렘과 온 유대와 사마리아와 땅 끝까지 이르러

내 증인이 되리라 하시니라" – 사도행전 1:8

하나님이 주신 마음은 선교였다.

이미 하나님의 말씀으로 변화된 청년들은 누가 시키지 않아도 스스로 전도를 하며 풍성한 성령의 열매를 맺고

있었다. 그러나 한 단계 더 나아갈 혁신이 필요했다. 아직 하나님을 알지 못하는 사람들을 찾아가 복음을 전할 기회, 예수님의 참된 제자가 되기 위해서 짧게라도 선교를 다녀오는 일이 반드시 필요하다고 느껴졌다.

하지만 거쳐야 할 벽이 한두 개가 아니었다.

특히 한국에 사는 청년들도 아니고 유학을 온 학생들과 대학생들이 굳이 다시 외국으로 선교를 가야 할 필요가 있냐는 말도 많았다. 지금처럼 2,3주 코스의 단기 선교가 보편화된 시대도 아니었으며 미국에서조차 한인 교회에 전례가 없던, 처음 시도된 단기 선교 프로그램이었다. 한국에서도 선교는 고사하고 해외여행조차 보편화된 시절이 아니었고, 미주 유학생들의 형편 역시 녹록지 않았다.

첫 번째 장벽은 여름학기였다.

대학생들 대부분은 영어나 기초 공부가 현지 학생들보다 떨어지는 경우가 많아서 이를 메우려면 훨씬 많은 노력을 쏟아야 했다. 기존 모자란 학점을 채우기 위해서 '섬머 클래스(Summer Class)'를 들어야 하는데 단기 선교에 참여하려면 이 기회를 포기해야 했다.

두 번째 장벽은 학비였다.

아주 유복한 가정이거나 학업이 월등해 장학금을 받는 학생이 아니고서는 대부분의 학생들은 방학 동안 일을 해 학비와 생활비를 벌어야 했다. 그러나 단기 선교는 오히려 돈을 써야 하니 사실상 한 학기의 학비를 선교와 맞바꾸는 것이었다. 아무리 믿음이 좋다 해도 현실적인 어려움 앞에 학생들도 쉽게 결단하지 못했고, 학생들이 마음을 먹어도 가정에서 반대하곤 했다.

세 번째 장벽은 경험이었다.

1980년대 초반에 단기 선교라는 개념은 지금처럼 흔하지 않았다. 미국 대학생들 대상으로는 최초의 일이었기 때문에 어떻게 준비해야 하는지, 무엇을 해야 하는지 '레이아웃'이 전무했다. 무성한 숲에 길을 내는 것처럼 막막하고 모든 일을 하나하나 손을 대야 하는 상황이었다. 게다가 학업으로 바쁜 와중에 선교 준비까지 할 여력이 있을지도 의문이었다.

여기에 한 사람, 한 사람 안 될 이유를 합치면 정말 수도 없는 장애물이 첩첩산중이었다. 그러나 제자의 삶이 원래 그런 것이 아닌가…. 내 힘으로는 할 수 없어도, 내 생각으로는 불가능해도 하나님이 가라고 하시면 가는 것이 제자의 삶이었다.

김 전도사는 오엠 로고스와 미국에서의 청년사역을 통

해 순종할 때 역사하시는 하나님을 많이 경험했다.

다행히 담임이신 이동원 목사님은 이런 마음을 이해하고 적극적으로 밀어주셨다.

"김두화 전도사의 뜻을 잘 알겠어요.

하나님께 기도하면서 준비해 보세요."

이동원 목사님과 김 전도사, 그리고 교역자들

어려운 상황과 가정의 극심한 반대에도 11명의 청년이 선교를 가겠다고 신청했다. 인솔자 김두화 전도사까지 포함하면 정확히 12명의 제자였다.

그는 이 청년들을 겨울부터 6개월 동안 훈련시켰다.

사역은 관광이 아니다. 윌리엄 캐리처럼 현지인에게 예

의를 지키며 복음을 명료하게 전하기 위해서는 무엇보다도 철저한 훈련이 필요했다. 청년 한 명 한 명이 하나님 앞에 바로 서야 했으며 선교의 목적과 의미를 철두철미하게 배우고 익혀야 했다.

그렇게 6개월의 훈련을 마친 12명의 선교팀은 필리핀과 스리랑카, 태국을 거쳐 다시 한국을 찍고 2개월의 단기 선교의 여정을 떠났다.

미주 한인 최초로 떠난 단기 선교였다.

MET'84 단기선교

많은 어려움 중에 떠난 선교였지만 역시 하나님은 살아계신 하나님이었다.

여러 나라를 돌며 복음을 전하는 중에 하나님의 놀라운 역사하심이 있었고 살아계신 하나님의 능력을 경험한 청년들은 천국의 기쁨을 경험한 사람처럼 환희가 넘쳤다.

단기 선교를 다녀온 청년 모두가 극적으로 삶이 변했다.

살아계신 하나님을 체험하고 인생의 목적이, 기준이 생긴 것이다. 전공을 신학으로 바꿔 사역자가 된 청년도 있고 선교사가 된 사람도 있다. 비록 사역자의 길을 걷지 않더라도 무슨 일을 하든 하나님 나라와 하나님 일로 감당할 수 있는 역전의 용사들이 탄생한 단기 선교였다.

다녀온 이들이 강단에서 전한 살아계신 하나님에 대한 간증은 연쇄 폭발을 이끌었다. 선교 보고를 통해 선교지에서 체험한 하나님의 역사하심을 간접적으로 전해 들은 청년들은 그들 역시 떠나고 싶다는 거룩하고 간절한 열망을 품었다. 그들이 전한 말뿐 아니라 변한 삶을 통해 다시 많은 청년들이 단기 선교를 향한 소망을 품었고 2년 뒤인 1986년에는 아프리카 케냐로 다시 10명의 청년들이 선교를 떠났다.

어렵고 힘든 길이 분명했지만 그 가운데 역사하시는 살아계신 하나님을 체험한 청년들의 삶은 놀랍게도 변해갔고 풍성한 열매를 맺었다. 참된 그리스도인의 삶이 무엇인지 이들을 통해 다른 청년들도 알게 되었다. 힘들어도, 어려워도, 그보다 더한 기쁨과 보람이 있으니 참여하고자 하는 청년들은 점점 늘어났고 나중에는 지역의 한인교회들이 연합하여 단기 선교를 보내는 연합 사역으로까지 확장됐다. 말씀을 통해 주신 비전에 과감하게 순종한 김 선교

사의 결단과 이동원 목사님의 지원으로 계기가 되었다고
생각한다.

당시 선교를 떠났던 두 청년의 간증을 소개한다.

케냐로 떠난 한 자매는 집안이 매우 부유하고, 고등학생
때부터 부모님이 미국 학생들에게 기죽지 않게 하려고 하
나를 입혀도 최고급 명품으로만 입혔는데 대학부 모임을
통해 예수님을 만났고 해외 선교를 떠나게 됐다.

이 자매가 선교를 간다고 했을 때 김 전도사도 많이 걱
정을 했다.

금전적인 어려움은 없겠지만 손에 물 한 방울 안 묻히고
자란 자매가 아프리카 오지에서 무사히 적응할 수 있을지
장담할 수 없었다. 복음을 전하는 선교는 오히려 2차적인
문제였다.

그 자매는 케냐의 한 지역에서 마땅한 숙소가 없어 학교
교실에서 잠을 잤는데 아침에 일어나 세수를 하려는데 머
리 뒤가 당겨 돌아보니 수많은 어린이들이 손에 깡통 같
은 걸 들고 교실 안을 들여다보고 있었다. 먹을 물이 없어
빈 물컵을 들고 있는 아이들이 세수를 하려던 자신의 모
습을 보고 있었던 것이다.

놀라기도 하고 무섭기도 했으나 새벽부터 와있는 아이

들이 측은해 마음이 너무 아팠다.

'하루 세수 안 하고 이 아이들에게 물을 주는 것이 더 낫지 않을까?'

자매는 생각했다.

당연히 누구나 들 수 있는 생각이었다. 하지만 선교의 원칙은 철저했다.

"우리는 음식이 아닌 복음을 주러 왔다!"

절대로 아이들에게 개인적으로 물이나 음식을 줘서는 안 된다는 것이 선교 철칙이었다.

당장 선교팀이 쓸 수 있는 물을 다 준다 해도 아이들에게는 턱없이 부족했고, 그런 물을 매일 줄 수는 없었다. 안타까운 상황이지만 본래의 목적을 잊지 않기 위해 오지에 갈 때는 반드시 해야 하는 훈련이었다.

자매도 이 사실을 알고 있었다.

그러나 아는 것과 느끼는 것은 완전히 다른 이야기다.

'주님, 이곳의 영혼들은 왜 이렇게 아픔을 겪어야 하나요. 저처럼 좋은 나라, 좋은 집안에서 태어났으면 호의호식하며 잘 살았을 텐데….'

자매는 아프리카 아이들의 가슴 아픈 상황을 통해 오히려 자신이 지금껏 당연한 듯 누리는 하나님의 큰 복이 얼마나 놀라운 것인지를 깨달았다.

하나님이 주신 큰 복을 어떻게 사용해야 할지를 깨달은

자매는 선교 내내 하루 한 끼 이상 금식을 하며 케냐의 어린이들을 위해 기도했다.

'주님, 제가 감사한 것도 감사한 줄 모르고 살았습니다. 회개하며 돌아가오니 주님의 사역을 위해 사용하소서.'

미국에서 학교를 다니며 신앙생활을 하는 자신의 평범한 모습이 당연한 것이 아니라 하나님의 놀라운 큰 복이며 하나님의 크신 사랑임을 뼈저리게 느끼며, 그동안 그 큰복을 받으면서도 당연한 줄 알고 감사하지 못한 죄를 깨달은 자매는 이후 이전과는 완전히 달라진 삶을 살았다. 명품과 겉치장이 아닌 복음과 내면에 집중하던 자매는 이후 사역자를 만나 목회자 사모님이 되어 지금도 주님께 크게 쓰임 받고 있다.

다른 자매는 외모는 영락없는 동양인이었지만 어려서부터 미국 생활에 완벽 적응해 완전히 미국인이나 다름없었다. 영어는 물론이고 생활 습관이나 문화적인 부분에 있어서도 오히려 한국인보다 미국인과 더 닮은 삶을 살았다. 이 자매와 함께 단기 선교를 떠난다는 사실을 알고는 오히려 다른 청년들이 더 걱정을 했을 정도였다. 미국에서 교회를 다니기 시작했고 예수님도 영접해 구원의 확신이 있었으나 그럼에도 같은 유학생들도 불편하게 느낄 뉘앙스와 이질감이 존재했기 때문이다.

그래도 무사히 선교를 마치고 미국에 가기 전 한국에 들렀던 때에 이 자매에게 예상치 못한 경험이 찾아왔다.

한국을 거부하고 미국인이 되기 위해 그토록 노력을 많이 했는데 한국 땅을 밟는 순간 알 수 없는 따스한 것이 가슴을 가득 채우는 느낌을 받았다.

선교를 다니면서 보람과 기쁨이 있었지만 그럼에도 채워지지 않는 공허함이 있었는데 한국인이라는 정체성을 찾는 순간 그 빈 공간이 채워진 것이었다.

한국의 땅을 거닐며 동향 사람들을 만나고 교제하면 할수록 하나님이 주신 세상에서 자신의 정체성이 주는 기쁨을 체험할 수 있었다.

자신의 정체성을 찾은 자매는 그 안에 주신 하나님의 비전을 더욱 명확히 깨달아 유학생들과도 스스럼이 없이 어울리면서 현지인들과도 더 깊이 소통할 수 있는 '촉매'와도 같은 삶을 살았다.

한국인들과도 어울리지 못하고 미국만을 동경했던 자매가 선교의 사명을 감당하게 될 줄은 아마 하나님만이 아셨을 것 같다.

한 자매는 단기 선교 후 대학을 졸업하고 박사학위까지 마치고 나사(NASA)에서 근무를 했는데 하나님의 부르심을 받고 제3선교지에서 대학교 교수로 일하고 있다. 공식적으로는 포교가 금지되어 있어 교수직으로 갈 수밖에 없어 지금도 교수의 직분으로 선교의 사명을 잘 감당하고 있다.

이 외에도 단기 선교를 다녀온 청년들의 변화는 놀랍도록 많았고, 그들 대부분은 지금 세계 곳곳에서 하나님의 사역에 쓰임 받고 있다.

사실 이 모든 것이 하나님의 계획하심 가운데 일어난 일이라고 밖에는 설명할 수가 없다. 그전까지는 어디를 가나 젊은이들을 대상으로 사역을 했지만 팀을 꾸려 단기 선교를 간다는 생각은 한 번도 할 수가 없었다.

당시 워싱톤제일침례교회라는 장소에서, 당시 젊은이들을 통해, 복음 전파라는 위대한 꿈을 품게 하신 분은 오직 하나님이시며 그 사역의 자리에 있던 김 선교사는 단지 쓰임을 받았을 뿐이다. 언제나 자신은 하나님의 도구라는 생각을 가지고 있었기에 그는 어떤 업적을 남기든 자신을 드러내지 않고 모든 공을 하나님과 다른 수고하신 분들에게 돌렸다.

이때 청년과 대학생들에게는 워싱톤제일교회가 친교 장소가 아니라 예배의 장소요, 제자 훈련소가 되었다. 그들은 교회에 오면 더 오래 교회에서 성경을 공부하고 교제하며 즐겁게 머물렀고, 언제나 그 자리에는 김 전도사도 함께였다. 그리고 새신자반도 많이 모여 그들도 성경을 배우는 기쁨과 교회에 다니는 기쁨이 넘치게 되었다.

'코스타(KOSTA)'의 창립

워싱톤제일침례교회에서 하나님의 말씀으로 청년들과 성도들이 살아나는 역사가 일어나고 있다는 소문이 퍼지며 담임인 이동원 목사님은 미국 전 지역을 돌아다니며 많은 집회를 인도했다.

당시 미주 유학생들 중에는 극심한 스트레스를 받아 방황하는 청년들이 많았다.

워싱톤제일침례교회에서 일어났던 그 뜨거운 성령의 불이 이들에게도 간절히 필요한 상황이었다. 이동원 목사님 역시 이런 상황을 누구보다 잘 알고 있었다.

어느 지역, 어느 집회를 가서도 청년들에게 하나님이 주신 비전을 심어주고 싶었다. 장차 나라의 큰 일꾼이자 세계만방에 복음을 전할 이 소중한 청년들을 그대로 둘 수는 없었다.

이동원 목사님은 김두화 전도사를 비롯한 당시 여러 지역의 목사님들과 유학생 대표들을 불러 연합 수양회를 열자고 했다.

"지금 한국의 대학생들은 시위와 학생운동으로 제대로

된 학업이 어려운 상황입니다. 지금 선진국인 미국에서 무사히 공부를 하고 있는 미주 유학생들이야말로 장차 나라의 큰 일꾼이 될 것이고, 그들 안에 복음이 바로 설 때 저절로 하나님의 나라가 확장되지 않겠습니까?

그런데 제가 보니 이곳의 청년들도 학업으로 너무 지쳐 있어 세상과 하나님 사이에서 방황하고 있는 것 같습니다. 이들을 한데 모아 다시 한번 구원의 복음을 제시해야 한다고 생각합니다.

나라를 위해, 하나님을 위해, 우리 힘을 합쳐 수양회를 열어봅시다."

당시 자리에 모인 사람들도 모두 사역 일선에 있는 사람들이었기에 이 말이 무슨 뜻인지는 충분히 이해하고 있었다. 하지만 역시나 또 현실이라는 벽이 가로막고 있었다. 강사를 미국까지 모셔올 비행기 값만 해도 만만치가 않았다. 미국 전역의 학생들을 어디에 모을 것이며, 그들을 섬길 스태프들은 또 어떻게 모을 것인가. 어떤 주제로, 어떤 말씀을 전하며, 어떤 프로그램을 만들어야 할지 막연했다.

그럼에도 모두가 한마음이 될 수 있었던 것은 여리고성을 마주한 여호수아처럼 주님께 의지할 때 그 어떤 세상의 철옹성도 무너트릴 수 있다는 믿음을 공유하고 있었기 때문이다. 어렵다고 하지 않으면, 힘들다고 가만있으면, 작은 변화도 일어나지 않고 시간만 흘러갈 뿐이다. 그러기엔 미국 전역에 퍼져있는 유학생들이 너무나 소중하고 귀한 존재였다.

그 결과 김두화 전도사가 총무를 맡고 박건식 박사, 장세규 목사와 북미 유학생 연합 수련회를 본격적으로 준비했다. 기도 가운데 하나님은 응답하셨고 어려운 현실의 문제들을 하나씩 해결해 주셨다.

미국 내 유학생들의 사정을 상세히 설명하자 강사들도 흔쾌히 자비량으로 오겠다고 대답해 주셨다. 강사비도 한 푼 드리지 못하는 열악한 환경이었지만 그 자리에 모인 영혼을 바라보고 내려준 결단이었다.

초창기 강사들 홍정길 목사님, 하용조 목사님, 옥한흠 목사님과 그 외 많은 강사님들의 결단으로 지금도 코스타는 전통적으로 모든 강사와 게스트들이 자비량으로 섬기고 있다.

최소 수 백 명의 인원들을 통제하고 인도해야 할 스태프들에 대한 문제도 해결됐다.

여러 지역에서 자발적으로 나서서 임원을 맡은 청년들은 수련회 내내 밤을 새워가며 모든 일정을 준비하며 섬겼다. 워싱톤제일한인교회(현재 지구촌교회)의 결단과 도움으로 참가비와 숙식도 무료로 제공되었다. 당장은 돈보다도 이 청년들을 한 명이라도 더 불러 모아 참된 제자로 세우는 것이 중요했다. 청년들을 향한 사랑과 안타까운 마음을 함께 공유하고 있었기 때문에 일어날 수 있는 아름다운 연합이었고 하나님은 정말로 부르짖을 때 응답하시는 우리의 주님이셨다.

"보라 형제가 연합하여 동거함이 어찌 그리 선하고 아름다운고"
─ 시편 133:1
"너는 내게 부르짖으라 내가 네게 응답하겠고
네가 알지 못하는 크고 은밀한 일을 네게 보이리라" ─ 예레미야 33:3

실질적인 문제들이 하나씩 해결되고 불가능해 보이던 수양회가 실현되기 직전, 가장 중요한 명칭 문제가 남아있었다. 일회성 이벤트가 아닌, 계속해서 전통으로 이어나가기 위해서는 상징적인 이름이 필요했다. 새벽 4시까지 머리를 맞대고 아이디어를 쏟아내던 진행자들은 오랜 회의 끝에 '코스타'라고 이름을 지었다.
'미국 내의 한국 학생들(Korean Students in America)'의 앞글자를 따서 만든 이름이었다.

그렇게 1986년 5월 26일 3박 4일의 일정으로 워싱톤 D.C.에서 제1회 코스타가 열렸다.
'우리는 어디로'라는 주제였고 미국 각지에서 200명의 귀한 청년들이 참여했다. 주제만 봐도 알 수 있듯이 먼 미국에 와서 공부하고 있지만 인생의 방향을 찾지 못해 갈팡질팡하는 유학생들이 정말로 많았다. 그들은 코스타에 참석한 뒤 변화되었다. 청년들을 향한 안타까움과 뜨거운 열정으로 목 놓아 말씀을 전하시던 강사님들, 밤을 새며 눈물로 섬기던 임원들, 이들의 헌신적인 모습과 생명력 있는 말씀과 성경공부로 그 자리에 참석한 거의 모든 청년들이 변화되었다.

'어디로 가야 할지 모르던' 청년들이 '인생의 목표와 방향을 예수 그리스도로' 틀었던 것이다.

그렇게 미국에서 200여 명이 모여 시작된 코스타는 지금 전 세계 26여 개국에서 연인원 이만 명 이상이 넘게 참석하는 세계적인 대회로 성장했다. 그래서 세계로 지경을 넓힌 KOSTA의 A는 지금은 All Nations의 A가 되었다.

세계적인 선교학자 패트릭 존스톤(Patrick Johnstone)은 한국 교회의 특징에 대해 다음과 같이 말했다.

"한국 교회는 세계 교회사에 길이 남을 만한 두 가지 업적을 남겼다. 하나는 새벽 기도이고 하나는 코스타이다."

세계선교역사 중에 어떤 나라도 자국의 청년들이 외국에 있는 청년들을 찾아가 복음을 전한 경우가 없다고 한다. 처음 코스타를 기획한 사람들도 이런 큰 꿈을 품고 일을 실천했던 것이 아니었다. 그저 하나님이 주시는 마음

제1회 코스타 준비회의와 코스타

을 따라 연합하여 순종했더니 하나님은 무릎으로 순종하
는 부족한 종들을 통해 세계를 놀라게 할 일을 이루신 것
이다.

　김두화 전도사는 30여 년 코스타 여정에서 첫 시작의 한
사람이었는데 그가 청년 사역을 통해 얻은 경험들은 귀한
초석으로 쓰였다.

　그러나 그는 "하나님의 역사하심이 일어나는 장소에 그
저 서 있어 쓰임 받았을 뿐"이라고 늘 겸손해했고, 결코 자

신이 이룬 업적을 내세우거나 자랑하지 않았다. 그의 시선은 언제나 한 영혼을 향해 있었다. 아직도 하나님을 알지 못하고 당장 구원받지 못해 지옥에 떨어질지도 모르는 천하보다 소중한 한 영혼에게 복음을 전하는 일이 그의 사명이자 삶이었다.

주님께서 예비한 만남

김 전도사는 계속 교회에서 청년 대학부, 새신자반 담당 사역자로 성경을 가르치며 심방하며 상담하며 외부 집회 강사뿐 아니라 학업을 병행하며 사역에 바빴다.

그러던 어느 날.

우명자 사모님과 교회 행정 비서인 윤화숙 간사가 사무실에 두었던 가방을 잃어버렸는데 몇 시간 후 현금을 빼고 돌아온 윤간사 지갑 안에 김두화 전도사의 사진이 있었다.

이동원 목사님과 사모님은 깜짝 놀랐다. 그리고 두 사람이 사귀고 있다는 것을 직감하고 기뻐했다.

김 전도사와 윤 간사는 같은 교회에서 사역을 하고 있었기에 괜한 오해를 사기 싫어 철저히 비밀로 하고 있었는데 이런 어이없는 사건으로 교제 사실이 드러난 것이다.

윤 간사는 한국에서 직장 생활을 하다가 뉴욕에 있는 오빠의 초청으로 미국에 왔다. 불교 신자셨던 어머니를 전도하고 형제들을 전도하여 지금은 장로와 권사로 모두 섬기고 있다. 윤 간사가 주님의 인도하심을 따라 워싱톤제일침례교회에서 행정 일을 하고 있을 때 김 전도사도 이동원 목사님을 도와 교회에서 사역을 하고 있었다. 그렇게 두 사람은 교회에서 첫 만남을 가졌다.

두 사람은 사역을 하며 힘들고 지칠 때 서로의 어려움을 나누며 차를 마시고 식사를 하며 서로에게 힘이 됐다. 그러던 어느 날 두 사람은 1시간 정도 거리에 있는 해변가로 드라이브를 가게 됐다. 평소 만나던 장소와는 좀 다른 곳이었지만 윤 간사는 그래도 언제나처럼 사역을 주제로 서로 교제하는 자리로만 생각했다.

그런데 그날 김 전도사가 정식으로 교제를 제안했다.

꿈에도 생각하지 못한 윤 간사는 놀랍기도 하고 당황스럽기도 했다. 평소 김 전도사의 인품과 사역의 모습을 보며 존중하고 마음으로 충분히 신뢰할 수 있는 남자라고 생각했지만 결혼이나 그 이후의 일까지는 도저히 생각하지 않았기 때문이다.

윤 간사는 주님을 사랑하지만 목회의 길에 배우자로서 준비되지 못한 자신과 사역에 대한 소명감보다 두려움이 더 컸다.

그날 이후 아무도 없는 빈 교회당에서 철야하며 간절히 주님의 인도하심을 알기 위해 기도했다.

하나님께 기도할 때 하나님이 하루는 다음과 같은 말씀을 주셨다.

"내가 네 갈 길을 가르쳐 보이고 너를 주목하여 훈계하리로다" – 시편 32:8

그리스도인은 하나님의 말씀을 그대로 믿고 하나님을 따르는 사람이다.

내 생각, 내 의지와 상관없이 하나님의 말씀이라면 순종하겠다고 서약한 삶이다. 그럼에도 그리스도인이라고 자처하며 살아가면서도 때때로 나의 생각과 환경을 이유로 하나님이 보여주시는 길을 망설이거나 거절할 때가 많다. 그런 사람들에게 하나님은 다시 재차 자신의 뜻과 길을 보여주신다. 그 가운데 순종하는 사람이 하나님을 경험하며 말씀에 순종함으로 반석 위에 서는 그리스도인이다.

하나님을 믿고 따르기로 결심했다면 두 사람의 교제 역시 하나님의 섭리 가운데 있으니 걱정 말라며 하나님이 주신 하나님의 말씀이자 응답이었다.

하나님이 주신 응답을 통해 결혼을 결심했을 때쯤 이동원 목사님이 광고 시간에 두 사람의 교제 사실과 결혼 날

짜를 깜짝 발표하셨다.

우연찮게 잃어버린 윤 간사의 지갑에서 김 전도사의 사진을 보셨고 두 사람의 의사를 아셨기 때문이다. 이 역시 하나님의 섭리 가운데 있었음을 인정하지 않을 수 없었다.

4

MARYLAND

THE OLD LINE STATE

1985년 3월 2일!

  김두화 전도사와 윤화숙 간사는 이동원 목사님의 주례
와 많은 성도들의 축하를 받으며 결혼하였다.

결혼 사진

이제 윤화숙 간사는 영어 이름이 Hannah Kim이었는데 시민권 등록 중 철자가 하나 빠져 김해나 사모가 되었다.

결혼을 통해 김해나 사모가 받은 말씀 그대로 하나님은 두 사람의 삶을 수많은 영혼을 구원으로 인도하는 길로 이끌었다. 그리고 그 길에는 그토록 어려워했던 부모님의 구원도 포함되어 있었다.

김해나 사모는 김두화 전도사의 사역의 중요한 인생의 동반자이자 동역자이며 어린 시절부터 어려웠던 가정의 문제를 지혜롭게 해결될 수 있도록 도운 윤활유였다. 가족들에게 복음을 전하고 구원의 확신을 갖게 하는 데에도 역할이 컸다.

고아나 다름없던 삶을 살았던 김 전도사에게 가족은 사역의 큰 부담이 될 수도 있었다. 생전 처음 보는 사람의 부탁에도 백리 길도 마다 않고 복음을 전하러 간 그였지만 어린 시절부터 입은 마음의 상처로 가족과는 평생 벽을 칠 수도 있는 상황이었다. 당시 나이 10살 즈음의 어린 아이었던 그는 양친이 살아있음에도 고아원에 들어갔고, 아버지의 학대를 견디다 못해 집을 나와 거리에서 살아야 했다.

그러나 노예로 팔려 가면서도 이 모든 것이 하나님의 계획이라고 고백하며 형제들을 품었던 요셉의 마음처럼 김

전도사는 자신을 버린 부모도, 자신이 떠난 부모도 하나님이 주신 말씀과 사랑으로 극복하고 품었다.

> "당신들은 나를 해하려 하였으나 하나님은 그것을 선으로 바꾸사
> 오늘과 같이 많은 백성의 생명을 구원하게 하시려 하셨나니"
>
> – 창세기 50:20

김두화 전도사가 구원의 확신을 갖고 가족의 구원에 대해 큰 부담을 갖고 기도하던 중 이혼 후 집을 떠난 어머니(생모)를 찾기 시작했다. 어머니를 못 본 지 수 십 년이 지났고, 아버지 밑에서 견디다 못해 가출을 한 그는 유난히 어머니를 그리워했다. 여러 경로를 통해 우여곡절 끝에 어머니를 만나게 됐다.

그토록 보고 싶던 어머니였고, 어머니 역시 애타게 찾던 아들이었다. 김 전도사는 안타까운 마음으로 어머니에게 구원의 복음을 전해 어머니는 구원의 확신을 갖게 됐다.

김 전도사는 어머니를 만난 후에 오히려 아버지의 마음을 이해하게 됐다.

왜 아버지가 그 어렵고 힘들던 시절, 사회의 편견을 감내하면서까지 이혼을 했는지, 왜 아버지가 자신을 볼 때마다 그렇게 가혹하게 대했는지 조금이나마 이해가 됐다. 그렇다고 한들 아버지가 저지른 일들은 결코 정당화될 수

없었다. 그러나 주님을 만나고 모든 사람과 영혼을 사랑의 관점으로 바라보는 사명자가 된 그의 마음은 이조차도 이해하고 품을 수 있을 정도로 성장해 있었다.

단점보다 장점을 보는 사람이었던 그는 다른 사람의 험담은 되도록 하지 않는 사람이었다. 그는 말씀 그대로 부모를 공경하고 복음을 전하기 위해서 노력했다.

훗날 어머니는 권사님이 되어 신앙생활을 했다.

결혼 후 김 사모는 어머니를 미국으로 모시려고 했지만 어머니는 극구 사양하셨고, 양로원에 계실 때에도 전화를 해서 안부를 종종 물었는데 그때마다 생모는 두 가지 말씀을 반복해서 언급하셨다.

"내가 그래도 두화 때문에 예수 믿게 됐다."

"내가 아무리 생각해도 두화를 너무 힘들게 했다."

김 전도사는 강단에서 전하는 말씀은 반드시 삶 속에서도 실천하려고 노력하는 맑고 순수한 목회자였다.

"부모를 공경하라"라는 하나님의 말씀 역시 예외일 수 없었다. 말할 수 없는 고난과 어려움을 감내하면서도 생모에 대한 도리와 의무를 지켰고, 그 결과 어머니 역시 예수님을 구주와 주님으로 믿고 마지막까지 열심히 신앙생활을 하시다 하나님께 부름을 받으셨다.

김 전도사는 어린 시절 함께 살았던 새어머니의 사랑도

잊지 않았다. 어린 나이에 가출한 가장 큰 원인은 아버지였고 새어머니는 아버지보다 더 친자식처럼 사랑을 부어주셨다. 훗날 그는 김 사모에게 "새어머니에게서 오히려 진짜 어머니의 사랑을 받았다"라고 말할 정도였다.

힘들 때 마음의 얘기들을 나누고 의지할 수 있었던 분은 생모보다 오히려 새어머니였다. 그는 생모를 만나고서야 새어머니가 부어주신 사랑을 감사하며 한국에 올 때마다 꼭 찾아뵈었고 복음도 전했다.

김 전도사는 생모를 만난 후 혹시나 새어머니에게 예전보다 소홀히 대하지 않을까, 그렇지 않더라도 새어머니께서 그렇게 느끼지 않을까를 늘 신경 썼다고 한다.

본래 사랑은 주고받을 때 진가가 발휘되는 법이다. 이런 마음이 말없이도 이심전심으로 통했는지 두 사람의 사이는 틀어짐없이 친부모와 자녀같이 이어졌다. 그런 관계를 통해 자연스레 새어머니도 예수님을 믿게 됐다.

사랑하는 연인도, 평온한 가족도, 이생에서의 삶을 평생 함께한다 해도 영원에 비하면 결국 바람에 흩날리는 증기와 같은 덧없는 삶이다. 그 삶과 행복을 영원히 지킬 수 있는 방법은 다 같이 예수님을 영접하여 천국을 가는 것뿐이라는 사실을 그는 알았다. 사랑하는 형제들, 자매들과 함께 눈물도, 슬픔도, 아픔도 없는 주님이 약속하고 예비하신 그 나라에서 함께 하고자 그는 주님을 영접한 뒤의 모든 삶을 이 일을 위해 바쳤다.

그의 삶을 한 문장으로 표현하면 다음과 같이 정의할 수 있지 않을까?

"하나님이 맡겨주신 한 영혼을 위해 모든 것을 쏟는 삶."

그는 세상에서 아무것도 할 수 없다고 느끼던 자신에게 찾아와 주시고, 주님의 종으로 변화시켜주신 주님의 능력이 모든 사람에게 동일하게 임할 수 있다고 평생 믿고 살았다. 또한 그 믿음이 정말로 오늘날의 삶에도 유효함을, 성경에 나오는 그 능력과 은혜가 정말로 사명자의 삶을 통해 나타난다는 사실을 자신의 삶을 통해, 자신의 가정을 통해, 그리고 하나님이 붙여주시는 한 영혼, 한 영혼들을 통해 평생토록 증명하며 살았다.

그의 아버지의 구원도 그렇다.
어린 시절을 생각할 때 아버지는 이해하기 힘든 분이었다. 비록 훗날 친모를 만난 뒤 그럴 수밖에 없는 환경으로 이끌었던 아버지의 마음은 어느 정도 이해가 됐으나 그렇다고 해서 그 어린아이가 죽을지 살지도 모르는 거리로 스스로 걸어 나가게 만든 아버지를 도저히 이해할 수 없는 일들이었다. 어른이 되고도 가족에게 당한 상처로 평생을 괴로워하는 사람도 있는데 하물며 그 어린 나이에 그 모진 일들을 당한 가슴에는 말할 수 없는 상처가 있었을 것이다.

그럼에도 하나님의 자비와 용서는 정말로 불가능이 없었다. 그 개인이 품은 인간적인 아픔과 마음에 새겨져 있는 상처보다도, 그 모든 것을 덮고 거듭나게 한 주님의 사랑과 자비는 정말로 놀라운 능력이었다. 어린 시절 입었던 상처에 대한 분노와 절망, 혹은 복수보다도 오히려 아버지와 다른 가족들을 찾아 서둘러 이 복음을 전해야 한다는 생각이 그의 마음에는 더 크게 자리잡고 있었다.

아버지를 다시 만난 것은 극동방송에서 일하던 때였다. 20여 년 만에 아버지를 만나려 수소문 끝에 부산으로 내려갔다.

다시 만난 아버지가 아들을 보자마자 한 말은 "신분증 좀 봅시다"였다. 어린 시절 봤던 아들이 갑자기 장성해서 그것도 먼저 보고 싶다고 찾아왔으니 얼굴을 못 알아보는 것은 당연했고, 별의별 생각이 다 들었을 것이다.

나중에 들은 얘기로는 혹시 간첩이 돼서 자기를 어떻게 하려고 왔다던가, 아니면 누가 사정을 알고 사기를 치려고 준비해서 온 건가 싶은 생각도 들었다고 한다. 그러나 신분증과 함께 일하고 있던 '극동방송'의 명함까지 확인한 뒤에는 의심을 거두었다.

실제로 반듯하게 자란 그를 보고는 이런 말을 하셨다.

"내가 정말로 너한테 못할 짓을 했다는 건 잘 알고 있다. 정말 미안하다. 하지만 네가 밖에 나가 살면서 이런저런 고생은 했지만… 우리 집에 계속 있었다면 이렇게 훌륭하게 크진 못했을듯 싶다. 오히려 밖으로 나가 있었기 때문에 훌륭한 분들의 도움을 받아 이렇게 자란 거 같은데… 내가 보기엔 네가 믿는 하나님이 너를 도와주신 것 같구나."

생전 교회 한 번 안 나가본 분이 이런 고백을 할 정도로 당시 김 전도사의 삶에는 주님의 사랑과 은혜가 충만했다. 아들을 내쫓다시피 할 수밖에 없었던 아버지도 인정할 정도로 하나님의 도우심이 아니고는 그의 삶을 설명할 수 없었던 것이다.

이처럼 간접적으로 하나님의 존재를 인정하는 아버지였지만 그는 다른 때와 다르게 복음을 곧바로 전하지 않았다.

미국에서 결혼하고 생활하며 한국에 사역하러 올 때마다 부산에 연락을 해서 김해나 사모와 부모님을 찾아뵙고 하룻밤씩 묵었고 아버지와의 관계 회복을 위한 대화를 많이 했다. 그는 아버지에게 다가가기 위한 노력을 참으로 많이 했다.

김 목사와 김 사모는 오랫동안 만나지 못했던 이복형제 자매들에게도 복음을 전했다. 자기 혼자만 살려고 빠져 나간 못난 맏이로 기억될 수도 있었다. 이런저런 생각이 많이 들었지만 언제나 그렇듯 그는 두 남동생과 여동생들에게 복음을 전했다.

성경을 보면 여자들이 먼저 복음을 믿고 이후로 마을과 지역으로 퍼져 나가는 장면들이 많이 나오는데 그와 같이 시누이와 동서가 먼저 복음을 듣고 그 후 남편들도 복음을 듣고 믿게 되었다. 그때에 예수님을 구세주와 주님으로 믿은 그들은 지금 권사로, 집사로 주님을 섬기며 교회 생활을 충실하게 하고 있다. 그는 동생들과도 친근해 미국에서도 종종 전화 통화로 소식을 나누곤 했다.

그러던 어느 날, 동생과 전화 통화를 하던 중에 연로하신 아버지가 언제 세상을 떠날지 모를 정도로 위독하시다는 말에 그는 미국에서 한달음에 달려왔다. 어린 시절 원망했던 아버지였지만 이제는 연민의 마음으로 며칠간 병원을 떠나지도 않고 아버지를 극진히 간호하며 아버지에게 복음을 전했다. 아버지는 병상에서 예수님을 구주와 주님으로 영접하시고 주님 품으로 가셨다. 모든 것을 알고 계시는 하나님은 온전한 때에, 온전한 마음으로, 온전한 복음을 전하게 하셨다.

> "이르되 주 예수를 믿으라 그리하면 너와 네 집이 구원을 받으리라 하고"
>
> ― 사도행전 16:31

이 말씀처럼 김 전도사를 변화시킨 주님의 놀라운 복음은 그의 온 가정으로 흘러갔고, 가족들이 구원을 받게 됐다. 그가 복음으로 한 영혼을 변화시키는 일에 물불을 가리지 않았던 이유도 개인적인 삶을 통해 경험한 복음이라는 은혜의 물결이 얼마나 엄청난 위력인지 깨달았기 때문이었다.

훗날 여러 사역을 통해 주님을 영접한 많은 성도들을 통해서도 이와 비슷한 은혜의 역사가 일어났다. 살아계신 하나님은 말씀대로 행하는 사람에게 말씀대로의 큰 복을 내려주시는 약속의 하나님이시다.

5

1987년 11월 22일!

　김두화 전도사는 이동원 목사님과 여러 안수위원의 집례로 목사 안수를 받았고, 계속 워싱톤제일침례교회에서 이동원 목사님을 도와 사역을 하였다.

김두화 목사 안수식

　그러던 어느 날, 이동원 목사님이 김두화 목사를 불

렀다.

"김 목사, 장래의 사역을 위해서 일단은 학업을 마치는 게 좋을 것 같으니 아예 학교가 있는 지역으로 가서 학업부터 빨리 마치고 오면 좋겠어요."

보통의 목회자라면 학업보다 사역에 집중하라고 말했을 텐데 역시 시대에 크게 쓰임 받는 어른은 무언가 달라도 달랐다.

그런데 한 집사님이 아들로 인해 매우 힘들어하셨다.

두 아들 중 한 명은 어려서부터 반듯한 길을 걸었다. 곁길을 단 한 번도 간 적이 없고 어려서부터 교회학교도 열심히 다녔고, 교회의 이런저런 일들은 나서서 도맡아 했다. 정말 순탄하게 하나님을 만나고 아름답게 교제하는 신앙생활의 표본 같았다.

문제는 형 쪽이었다.

교회 생활을 싫어했던 형은 어떻게든 교회를 빠지려고 했으며 세상의 즐거움만 찾아다녔다. 세상 사람보다 더 세상 사람처럼 살고 싶어 했다. 하나님의 살아계심이 믿어지지 않고 느껴지지 않으니 솔직한 자신의 감정을 따라 살아가는 것이었으나 독실한 그리스도인인 부모님이 보시기에 마음이 편할 리가 없었다. 자식 이기는 부모 없다고 강제로 교회에 붙들어 앉힐 수도 없는 노릇이었다.

안타까운 마음에 하루하루 기도만 하고 있는데 부모님이 아닌 동생이 보다 못해 시동을 걸었다. 밤늦게 어디선가 여기저기 돌아다니고 있는 형을 찾은 동생은 형을 데리고 억지로 김 목사를 찾아왔다. 오늘은 반드시 결판을 내고자 하는 심산이었다.

"김 목사님, 이대로는 저희 형 인생 큰일 납니다."
가정의 상황도 알고 있었고, 매주는 아니어도 가끔 교회에서 보던 형이었다.
어려서부터 신앙생활에 대한 강요는 얼마나 받았으며, 또 얼마나 많은 설교를 들어왔겠는가. 밖으로는 말할 수 없는 반박과 의문들이 가슴에 쌓여 아마 마음의 문은 더욱 견고히 닫혀 있었을 것이었다. 그런 상황을 뻔히 아는 중에 이렇게 사생결단 식으로 전도를 한다는 것은 여리고 성을 마주한 이스라엘 백성 같은 상황이었다. 그럼에도 김두화 목사는 형을 생각하는 동생의 간곡한 마음을 외면할 수 없었다.
형과 마주 보는 곳에 자리를 잡고 가운데에는 성경을 펼쳤다. 복음을 효과적으로 전하기 위해 다양한 방법을 사용하는 사람들도 있지만 김두화 목사는 오직 말씀에만 집중했다.

"하나님의 말씀은 살아 있고 활력이 있어 좌우에 날선 어떤 검보다도 예리하여 혼과 영과 및 관절과 골수를 찔러 쪼개기까지 하며 또 마음의 생각과 뜻을 판단하나니" – 히브리서 4:12

세상의 지식은 머리를 채우지만 하나님의 말씀은 영혼을 쪼개 새로운 사람으로 변화시킨다. 하나님의 말씀이 가진 힘을 아는 사람은 말씀으로 살아가며 말씀으로 전도한다.

김 목사는 형을 앉혀두고 허심탄회하게 복음을 전했다.
어려서부터 지겹게 들었던 복음일 테지만 말 한마디, 단어 하나하나에 힘이 실려 있었다.
죽을 날을 알지 못하는 인간은 대부분 영원히 살 것처럼 살아간다. 하지만 오늘 이 순간 눈앞에 있는 하나님을 알지 못하는 한 영혼이 내가 만나는 마지막 순간이 될 수도 있다는 절박함으로 김 목사는 주님이 인도해 주신 한 영혼을 결코 놓지 않았다. 복음을 전할 때는 결코 타협하지 않았고 적당히가 없었다. 복음 전파에는 끈질기고 집요했다.

김 목사의 언행을 통해 진심을 느낀 형은 그동안 마음속에 품어두었던 모든 의문들을 쏟아냈다.

복음을 거부하는 형과 복음을 전달하는 김 목사의 영혼

의 혈전은 새벽까지 이어졌고 새벽녘에 다다르자 형은 가운데 놓인 성경에 모든 해답이 있다는 사실을 인정하게 됐다. 동생의 노력으로 성경 앞에 억지로 끌려온 형의 닫힌 마음은 동틀 녘 새벽, 하나님 앞에 완전히 무너져 내렸다.

단순히 지금 눈앞에 있는 상황을 회피하기 위해 면피용으로 영접한 것이 아닌 진정한 하나님과의 만남이었다. 하나님의 말씀을 통해 자신이 죄인임을 깨닫는 순간 누구나 하나님을 영접하게 되어 있다. 특정한 때에 특정한 사건으로 하나님을 만나고 변화되는 사람들도 물론 있지만 하나님의 말씀 앞에 무력함을 느끼고 죄인임을 고백할 때 누구나 믿게 될 수밖에 없는 것이 바로 복음이다.

그날이 지나고 두 형제의 부모님은 오히려 행복한 고민에 빠졌다. 두 형제 모두가 신학의 길을 걷겠다고 선포했기 때문이다.

형의 극적인 변화에 놀란 부모님은 이제는 현실적인 고민을 하지 않을 수 없었다. 고심 끝에 둘 중 한 명만 신학의 길을 걸으라고 권했으나 하나님이 정하신 길은 사람이 막을 수 없었다.

"사역자의 길이 얼마나 힘들고 외로운지 아니? 너희 둘 중 한 명만 신학을 하고 다른 한 명은 일반적인 직업을 구해서 오히려 선교를 하는 것이 더 지혜로운 방법이란다."

부모님의 마음을 두 형제가 모르는 것은 아니었으나 이미 복음으로 뜨거워진 마음은 순종 말고는 무엇으로도 다스릴 수 없었다. 결국 하나님을 향한 뜨거운 열망을 포기할 수 없었던 두 형제 모두 일반 대학을 마치고 신학의 길을 걸었다.

청년들을 깨우다

김 목사는 종종 자신의 지난날을 돌아보곤 했는데, 그때마다 사역의 가장 행복한 순간을 청년 사역을 하던 때로 꼽았다.

"지금도 목회를 하고 있지만 아무래도 청년들과 사역할 때가 가장 보람도 있고 행복했던 것 같아."

아내인 김해나 사모에게 종종 하던 말이다.

김 목사님의 사역은 결코 청년을 빼놓고 말할 수가 없다. 그럴 정도로 미국 내의 젊은이들에게 큰 영향을 끼쳤고 세계 곳곳에 있는 유학생들을 위한 선교의 기틀을 닦는 역할의 초석으로 쓰임 받았다. 주님이 보내신 곳, 보내신 영혼에게는 항상 최선을 다하는 김 목사였지만 유독 청년들과의 사역을 더 즐거워하고 힘을 썼던 것은 스스로의 경험이 바탕에 깔려 있어서였다. 김 목사 본인도 청년 때 하나님을 만나고 완전히 새로운 삶을 살아가기 시작했다.

김 목사는 주님이 부르신 곳이라면, 주님의 일에 도움이 된다면 어디든 달려간다는 결심이 늘 충만했다.

이 결심은 말에서 그치지 않고 김두화 목사의 전반적인 삶을 통해 녹아내렸다.

돈이 없어도, 몸이 아파도 영혼을 구하는 일이라면 김두화 목사는 개의치 않았다.

김 목사가 워싱턴에서 사역 중일 때 대학생들을 위해 유명한 강사를 모시고 수양회를 연 적이 있었다. 강사님을 모셔다 드리고 돌아오는 길에 차에 기름이 떨어졌다. 차에서 내려 보니 숲 속에 있는 것처럼 나무가 울창한 곳이었다. 민가도 있을 리가 없었다.

광활한 미국은 한국과는 달리 중간에 차가 서면 도움을 청할 수도 없는 난감한 상황에 처한다. 옥수수밭에 들어갔다가 길을 잃어 죽는 사람이 매년 수 천 명씩 생길 정도로 광활한 땅이 미국이다.

컴컴하고 인적도 드문 늦은 밤 길가에서 무슨 일을 당할지 몰랐으나 이런 상황에서도 김두화 목사는 짜증을 내지 않았다.

마침 잔디 틈에 떨어진 2달러짜리 지폐를 발견하고는 냉큼 주웠는데 때마침 저 멀리서 버스가 오고 있었다. 급하게 버스를 세워 사정을 설명하고 잔디에서 주운 2달러를 요금으로 냈다. 그렇게 구사일생으로 마을까지 나와서 사모님께 전화를 하고 도움을 요청했는데 그 목소리가 그렇게 담담할 수 없었다고 한다.

그 후 혹시 모를 상황에 대비해 사모님이 지혜롭게 지갑 안에 비상금을 넣어두어 다행히 그때그때 위기 상황은 처리됐지만 이토록 어렵고 힘든 상황에서도 김 목사의 삶의 초점은 오직 영혼, 영혼에만 고정되어 있었다.

세계를 향한 꿈을 가지고, 영혼을 위한 꿈을 가지고, 인생의 가장 귀한 시간을 하나님을 위해 살아가고, 하나님이 주신 꿈을 품는 것!

청년의 때가 아니고서는 결코 경험할 수 없는 귀한 보석 같은 순간이다.

또한 청년의 때에 하나님을 만나 변화되는 이들이 많아져야 세상을 이끄는 크리스천 리더들이 일어서며 복음의 물결을 재차 일으킬 수 있다고 김 목사는 생각했다.

인생에서 가장 에너지가 넘치고 꿈이 샘솟는 그 시절, 순수한 영혼들을 하나님과 만나게 하기 위해 김 목사는 노력했다. 모든 사람이 청년의 때에 하나님을 만날 수는 없지만 들판이 희어져 있음에도 추수할 일꾼이 없다는 말씀처럼 김 목사는 한 명이라도 더 많은 알곡을 추수하기 위해 자신의 모든 삶을 주님께 내어드렸다.

당시 워싱턴지구촌교회 성도들

"너희는 넉 달이 지나야 추수할 때가 이르겠다 하지 아니하느냐 그러나

나는 너희에게 이르노니 너희 눈을 들어 밭을 보라 희어져 추수하게 되었

도다" – 요한복음 4:35

미주리로 가다

이동원 목사님의 특별한 배려로 김 목사는 미주리침례

대학교(Missouri Baptist University)에서 다시 공부를 하게 되었

다. 혹시나 거기서 다시 사역을 시작할 계기가 생길까 봐

집도 학교 옆에 빌렸을 정도로 의지를 다졌다.

일단은 미주리에서 공부를 마치는 것이 급선무였지만 김 목사의 온 신경은 여전히 사역에 쏠려 있었다.

학교를 다니다 보니 유학생들의 영적 상태가 적나라하게 보였다. 먼 타국에서 이런저런 고생을 하며 공부를 하는 유학생들은 영육이 지쳐 있었다. 영어 공부 하랴… 학비와 생활비 벌랴… 새로운 문화에 적응하랴… 은연 중에 느끼는 인종 차별까지 더해져 갈 길을 알지 못하고 휘청이는 양들처럼 비틀거리는 인생을 살아가는 학생들도 종종 만났다.

이들의 모든 문제를 해결할 수 있는 방법도 역시 예수 그리스도밖에 없었다. 길이자, 진리이자, 생명이신 예수님의 보혈, 예수님의 복음이 이 학생들에게 절실히도 필요했기에 학업에만 열중할 수 없다고 김 목사는 생각했다. 그렇다고 해도 특별한 배려를 해준 교회의 성의를 무시할 수는 없었다.

본격적인 사역 대신 공부를 하며 남는 시간을 통해 유학생들을 대상으로 성경 공부를 진행했다. 영적으로 갈급했던 유학생들은 소문을 듣고 알음알음 모여들었다. 교회를 다니는 사람, 교회를 다니지 않는 사람, 심지어 다른 종교를 가진 학생들도 궁금해서 참석할 정도로 모임에 참여하는 학생들은 다양했다.

말씀에는 정말로 한 사람의 삶을 바꾸고, 세상을 변화시킬 힘이 있다. 세상적인 학문으로 문제를 해결하려고 해도 결국엔 벽에 부딪히게 된다.

인간은 영적인 존재이며 영적인 공허함을 가진 채로는 결코 행복해질 수 없으며 스스로 삶의 의미를 창조해낼 수 없다. 그 공허함을 채우려고 돈을 벌고, 유흥을 즐기고, 심리학에 기대고, 약을 먹기도 하며, 다른 종교에 심취한다 한들 절대로 채워지지 않는다.

때때로 기독교인들조차 말씀의 힘을 너무 간과하고 세상적인 방법을 찾곤 하는데 김 목사는 오로지 하나님의 말씀 하나로 복음을 전했다. 절대로 마음이 열리지 않을 것 같던 학생들마저 하나님의 말씀의 놀라운 능력으로 차례차례 복음을 받아들이고 주님을 영접했다.

하나님의 말씀으로 많은 사람들을 주님의 품으로 돌아오게 했다. 갈 길을 비추시는 주님의 말씀으로 삶의 목표를 찾은 학생들의 삶은 달라졌고 누가 뭐라지 않아도 저절로 밝아지고 강해졌다.

"주의 말씀은 내 발에 등이요 내 길에 빛이니이다" – 시편 119:105

"나 곧 내가 말하였고 또 내가 그를 부르며 그를 인도하였나니
그 길이 형통하리라" – 이사야 48:15

어느새 모임에 참석한 모든 유학생들이 단 한 명을 제외하고는 모두 주님을 영접하는 기적 같은 일이 일어났다.

그러나 그 한 명이 문제였다.

언행도 단정하고 예의를 깍듯이 지키던 그 청년은 모임에 빠지지 않고 참석을 하면서도 결신을 권하거나 주님을 믿느냐고 물어보면 단호하게 "아니요, 저는 예수 믿지 않습니다"라며 복음을 거부했다.

함께 모였던 유학생 중 단 한 영혼이 주님을 영접하지 않았을 뿐이다. 단 한 영혼. 그러나 그 한 영혼도 김 목사는 결코 포기할 수 없었다. 누군가 포기하지 않았던 그 한 영혼이 바로 과거의 자신이었으며, 한 영혼의 가치가 진실로 천하보다 귀함을 누구보다 잘 알고 있었기 때문이다.

"사람이 만일 온 천하를 얻고도 제 목숨을 잃으면 무엇이 유익하리요 사람이 무엇을 주고 제 목숨과 바꾸겠느냐" – 마태복음 16:26

"한 영혼이 천하보다 귀하다"라는 말은 마태복음 16장 26절 말씀의 해석본이고 실제로 성경에 나오는 구절은 아니다. 그러나 주님은 '잃어버린 한 마리의 양', '잃어버린 드라크마의 비유'를 통해 한 영혼의 가치가 얼마나 존귀한 것인지를 재차 우리에게 강조하셨다.

수많은 유학생 중 단 한 명이었지만 김 목사는 그 영혼을 위해 더 간절히 기도하며 복음을 전할 날을 기다렸다.

더 이상 미룰 수 없다고 생각이 들던 날 김 목사는 그 청년을 집으로 초대했다. 저녁을 먹으며 간단히 교제를 하고 차를 마시며 본론을 꺼내자 청년은 그 예의 바른 목소리로 역시나 거절했다.

"목사님, 말씀은 감사하지만 저는 그렇게 생각하지 않습니다."

옷매무새, 목소리 톤, 예의범절…. 무엇 하나 흠잡을 것 없이 바른 청년이었다. 목사님 앞이라 무릎까지 꿇고 앉았지만 그럼에도 복음에 대한 얘기만 나오면 완고히 거절했다. 목사님은 포기하지 않고 다시 한번 복음을 정리해 전달했다.

'우리가 왜 죄인인지.'

'우리가 왜 죽을 수밖에 없는지.'

'그 문제를 어떻게 해결할 수 있는지.'

'지금 청년이 왜 마음을 열지 못하는지.'

그러나 설명을 듣고 난 뒤에도 청년은 다시 한번 흐트러짐 없는 목소리로 거절했다.

"죄송합니다. 저는 그렇게 생각하지 않습니다. 목사님."

왜 믿지 않고, 어떻게 생각하는지 말이라도 해주면 속이 시원하련만 청년은 그저 자신의 생각은 다르다는 말만하며 복음을 거절했다. 조금의 틈도 보이지 않는 단호한 자

세웠다. 서둘러 이 자리를 벗어나기 위한 일에만 온 신경이 쏠려 있는 것 같았다.

그래도 여기에서 청년을 보낼 수는 없었다. 지금 이 순간이 마지막이라는 생각으로 김두화 목사는 다시 한번, 또 다시 한번 복음을 전했다. 하나님이 청년을 얼마나 사랑하시는지…, 예수님이 무엇을 위해 돌아가셨는지…, 밤이 깊어지고 있었다.

"하나님은 형제님을 위해 온 세상을 창조하시고, 가장 아끼는 독생자를 주셨습니다."

"인간의 마음이 얼마나 죄악 가운데 있는지 형제도 누구보다 잘 알고 있을 겁니다. 그렇기에 인간은 결코 죄의 문제를 스스로 해결할 수 없습니다."

"예수님이 세상에 오신 이유는 바로 그 죄의 문제를 해결하기 위해서입니다. 그 당시 세상 사람들뿐 아니라 지금 여기에 있는 나와 우리 형제를 위해서 예수님은 십자가에 달리시고 돌아가셔야 했습니다."

"하나님이 그렇게 형제님을 사랑하십니다. 하나님이 그렇게 형제님을 기다리고 계십니다. 지금 이 순간도 형제님이 주님께로 돌아오기만을 기다리고 계십니다."

옆에서 듣는 사람이 있었다면 왜 저렇게 같은 얘기를 반복하나 싶을 수도 있는 광경이었다. 그러나 복음이 반복해서 전해질수록 그 형제의 마음속 벽이 한 꺼풀 한 꺼풀 벗겨지고 있었고 마침내 복음 앞에 완전히 손을 들었다.

"…예수님을 영접하겠습니다."

잃어버린 한 영혼이 다시 주님께로 돌아오는 기적의 순간이었다.

김두화 목사는 바로 영접 기도를 권했다.

"정말 잘 선택하신 겁니다. 형제님, 이제 저를 따라서 기도로 주님께 고백합시다."

김 목사는 천천히 먼저 기도를 했고, 형제는 그대로 따라서 고백했다.

"사랑하는 하나님."

"사랑하는 하나님."

"오늘 이 자리에서 주님을 영접합니다."

"오늘… 이…"

눈을 감고 한참을 기다렸지만 더 이상 말이 이어지지 않았다.

도중에 생각이 달라져 영접을 포기했나 싶어 살짝 눈을 떠보니 간신히 눈물을 참고 있는 청년의 모습이 눈에 들어왔다.

그동안 주님을 멀리하고 완고히 거절했던 지나간 세월들이 더해져 청년의 마음을 덮쳤는지 결국 울음을 참지 못하고 그 자리에서 대성통곡을 했다. 그토록 예의 바르고 무엇 하나 반듯하지 않은 것이 없던 청년이 이제는 주님 앞에 무너져 어린아이처럼 엉엉 울고 있었다. 그냥 항복이 아닌 완전한 백기 투항이었다.

김 목사는 청년을 품에 안고 울음이 그칠 때까지 기다렸다. 진정한 청년은 다시 한번 김 목사를 따라 기도로 주님을 영접했고 세상에서 더없는 행복한 표정으로 집으로 돌아갔다. 그런데 더 믿기 힘든 놀라운 일이 일어났다.

며칠이 지나고 학교 교정에서 테니스 경기를 관람하고 있는 김 목사 부부에게 한 남녀가 찾아왔다.

"목사님, 지금 아주 큰일이 났습니다."

뒤를 돌아보니 며칠 전 마지막으로 주님을 영접한 형제의 매부였다.

누나 부부 역시 이 학교에서 공부를 하고 있었는데 갑자기 찾아와 큰일이 났다고 하니 영문이 궁금할 수밖에 없었다.

"갑자기 무슨 큰일입니까?"

"동생이 며칠 전 갑자기 한국 집에 전화를 해서 다짜고짜 아버지에게 오늘 죽으면 천국 갈 수 있냐며 복음을 전했다고 하네요. 아버지에게 얘기를 다 하고 난 뒤에는 어머니를 바꿔 달라고 해서 똑같은 얘기를 하고…. 나중에 알고 봤더니 자기랑 교제하는 한국에 있는 자매한테도 같은 얘기를 했데요. 모르긴 몰라도 자기가 아는 사람한테는 전부 전화해서 같은 얘기를 한 거 같아요."

"네에?"

그 청년의 지난 생활상을 봤을 때 도저히 믿기 힘든 이야기였다.

그날 주님을 영접하기는 했지만 하루도 지나기 전 가족과 애인, 친구들에게 복음을 전하다니…. 하나님의 말씀은 정말로 골수를 쪼개고 심령을 변화시키는 강력한 힘이 있음을 다시 한번 인정하지 않을 수 없었다.

그때 새로운 사실을 알게 됐는데 그 청년의 예의 바른 몸가짐과 여유는 모두 집안 환경에서 비롯된 것이었다. 청년의 아버지는 당시 유명한 정치인이었고, 은퇴한 뒤에는 대학교에서 교수로 재직하는 지식인이었다. 그 청년을 잠깐 본 김두화 목사도 그런 변화에 놀랐으니 낳아주고 길러주신 아버지는 더더욱 놀랄 일이었을 것이다.

복음도 복음이지만 갑자기 이상한 소리를 늘어놓아 먼 미국 땅에서 혹시 외로움에 시달리다 사이비 종교에 빠진 것이 아닌지 걱정이 되셨나보다. 그래서 누나를 통해 형제가 다니는 모임이나 교회에 대한 정보를 캐냈고 그 길로 인연이 있던 김장환 목사님에게 연락을 해서 "김두화가 누구냐?"라고 물어보셨고, 김장환 목사님은 "사이비가 아닌 정상적인 교단이니 걱정마세요"라고 말씀하셨다는 것이 지난 며칠 사이 일어난 '큰일'이었다.

성경을 보면 예수님을 만난 사람들은 하나같이 큰일이 났었다.

우물가의 사마리아 여인은 남편만 다섯인 사람으로 마을 사람들 앞에서 제대로 고개도 들 수 없는 삶을 살던 여인이었다. 그런 여인이 예수님을 만났고 예수님이 주시는 말씀으로 영원히 목마르지 않은 생명수를 마셨다. 그리고 난 뒤 여인이 한 일이 무엇인가?

바로 마을 사람들에게 달려가 구세주가 오셨음을 알렸다. 바로 큰일이 난 것이다.

예수님을 집 안에 모신 삭개오는 그날 하루에 180도 다른 사람이 됐다.

예수님이 삭개오와 나누신 대화가 무엇인지는 알 수 없지만 바로 가진 소유를 팔아 이웃에게 베풀고 착복한 것을 배로 갚겠다고 약속했다. 예수님과 함께 한 저녁 식사를 통해 삭개오에게도 큰일이 일어난 것이 분명하다.

"간수가 자다가 깨어 옥문들이 열린 것을 보고

죄수들이 도망한 줄 생각하고 칼을 빼어 자결하려 하거늘

바울이 크게 소리 질러 이르되 네 몸을 상하지 말라

우리가 다 여기 있노라 하니 간수가 등불을 달라고 하며 뛰어 들어가

무서워 떨며 바울과 실라 앞에 엎드리고 그들을 데리고 나가 이르되

선생들이여 내가 어떻게 하여야 구원을 받으리이까 하거늘

이르되 주 예수를 믿으라 그리하면 너와 네 집이 구원을 받으리라 하고"

– 사도행전 16:27–31

옥문이 열린 것을 보고 자결하려던 간수 앞에 바울과 실라가 나타났다.

기적 같은 일을 목도하고 간수가 내뱉은 말은 "어휴, 이제 살았다!"가 아닌 "내가 어떻게 구원을 받으리이까?"였다. 하나님의 능력을 목격한 간수장이 구원의 방법을 물어본 것처럼 모든 인간은 마음속에 비어있는 영혼을 무언가로 채워야 한다는 사실을 분명히 알고 있다.

진리의 복음으로 그 공허함을 비춰줄 때 모든 사람은 주님 앞에 결국 무너져 내리며 복음을 받아들일 수밖에 없게 된다.

구원의 방법을 물은 간수장에게 바울과 실라는 "주 예수를 믿으라"라고 담대히 선포했다. 이 구원은 간수장 자신만을 위한 구원이 아닌 집안의 구원까지 일어나는 '큰일'

이었다.

하나님을 만나고 난 뒤 김두화 목사의 삶에도 '큰일'이 일어났었다.

예수님과 함께 한 제자들이 만방을 다니며 주님의 능력으로 복음을 널리 전파한 것처럼, 말씀의 능력으로 영혼을 구원하는 삶을 살았던 김 목사가 몸 담던 사역지에는 이와 같이 큰일 난 사람들이 계속해서 생겨났다.

무사히 학업을 마치고 텍사스에 있는 학교에 가기 위해 미주리를 떠나기 전날에 한 집사님이 김 목사를 다급하게 찾아왔다.

"목사님, 오늘 꼭 심방 가셔야 할 곳이 있어요. 목사님이 오늘 안 가시면 언제 주님을 영접할지 몰라요."

당장 내일 떠나야 하는데 복음을 전해야 한다는 말에 김 목사는 사모와 같이 복음을 전하기 위해 두말없이 차에 올랐다.

"가서 복음을 전하라"라고 하나님이 인도해 주시지 않는다면 일어날 수 없을 것 같은 일들이었다.

그런데 도대체 어디까지 가는지 차를 타고 3시간을 넘게 가서야 늦은 한밤중에 한 집에 도착했다.

부모님을 모시고 사는 어떤 부부의 가정이었다.

밤늦게 도착한 것도 민폐였는데 그것도 갑자기 전도를 하러 왔다니 그 부부 입장에서는 정말로 황당한 일이었을 것이다. 그래도 김 목사는 담대히 집으로 들어갔고 언제나처럼 성경을 앞에 놓고 복음을 전했다. 이미 그의 머릿속에는 다음날 이사 갈 길에 대한 고민은 없었다.

복음에 대한 토론과 전달은 새벽 2시가 넘게까지 이어졌고 결국 그 가정은 하나님 앞에 무릎을 꿇었다. 부부를 비롯한 부모님들까지 예수님을 영접하기로 결신한 것이다. 피곤하다고, 더 이상 내가 사역할 장소가 아니라고, 그냥 편안히 침대에 누웠다면 이 가정은 구원받지 못했을 것이다.

그렇게 새벽 2시에 마지막으로 축복 기도를 하고 잠시 눈을 붙이고 이른 아침 돌아오는데 문득 눈에 익은 식당이 보였다. 미주리에 처음 왔을 때 어떤 집사님의 소개로 복음을 전하러 갔던 곳이었다. 복음을 전하러 갔으나 워낙 완강히 거부해 말도 꺼내지 못하고 집 밖으로 쫓겨날 정도로 냉대를 받았던 곳이었다. 그래도 어찌어찌 말을 잘해서 다시 집으로 들어가 복음을 전했으나 결국 그분은 끝까지 주님을 영접하지 않았다.

떠나면서 기도라도 해드리겠다고 했더니 그사이 마음이 열리셨는지 기도까지는 거절하지 않았다. 주님을 언젠가 영접하기를 바라는 마음으로 축복 기도를 마치고 집으로 돌아 왔는데 집으로 돌아가는 길에 전날 어두워 모르고 지났던 그 식당 앞을 지나게 된 것이다. 그냥 지나칠 수도 있는 식당이었지만 김 목사와 동행한 김해나 사모에게는 다음과 같은 하나님의 위로와 마음이 느껴졌다.

'이보다 더한 길도, 이보다 더한 냉대를 받아도 그래도 복음을 전해다오. 그곳에 내가 사랑하는 영혼이 있단다.'

미주리를 떠나기 전 하나님이 다시 한번 영혼 구원의 기쁨을 맛보게 하셨다는 생각에 그 새벽 피곤한 차 안에서 김 목사 부부는 감사 기도를 드리며 기쁨의 찬양을 드렸다.

미주리에 돌아오자 김 목사의 집에는 다른 사역자들이 몰려들어 근심 어린 표정을 짓고 있었다.

"목사님, 어딜 다녀오신 거예요? 갑자기 짐만 두고 말도 없이 사라지셔서 큰일이 난 줄 알았잖아요."

복음이 필요한 가정이 있다는 소리에 짐도 팽개치고 한 달음에 떠났으니 사람들이 보기엔 당혹스러울 수밖에 없었을 것이다. 혹시 사고를 당한 것은 아닌지 걱정되어 조금만 더 늦게 왔으면 경찰에 신고하려고 준비 중이었다고 했다. 그럼에도 그날 한 가정이 구원받았다는 이야기를 듣고는 다 함께 떠나는 날까지 하나님께 영광을 돌렸다.

텍사스로 가다

김 목사는 미주리에서 공부를 마친 뒤 텍사스에 있는 사우스웨스턴침례신학대학원(Southwestern Baptist Theologial Seminary)에 진학했다. 거기에는 예전 워싱턴에 있을 때 한밤 중에 형을 끌고 왔던 동생과 형이 미주리에서 학교를 졸업하고 사우스웨스턴침례신학대학원에 먼저 입학해 다니고 있어 두 형제를 김 목사의 선배로 다시 만날 수 있었다.

(부모님이 걱정할 정도로 뜨거운 크리스천이 된 두 형제는 한 명은 목회자가 되어 캘리포니아 지역에서 훌륭하게 사역을 하고 있고, 한 명은 중동 지역에 선교사로 파송받아 땅끝까지 복음을 전하라는 주님의 말씀에 순종하여 열심히 사역하고 있다. 김두화 목사는 자신이 복음을 전한 영혼이 회심 후 같은 사역자의 길을 걷게 되어 크게 기뻐했고 보람을 느꼈다. 그뿐만 아니라 그 부모까지 중국 선교를 위해 중국 선교사로 부르셨고 충성스러운 주님의 사역자로 살게 하셨다.)

오랜만에 만난 두 형제와 즐겁게 저녁 식사를 마치고 오는데 집 앞에 모르는 사람 두 명이 서성이고 있었다.

딱 봐도 김 목사를 기다리고 있던 것 같아 용건을 물었다.

"혹시… 어떤 일로 찾아오셨나요?"

"김두화 목사님이시죠? 이곳에 2년 정도 공부하기 위해 오셨다고 들었습니다. 지금 저희 교회가 아주 힘든 상황인데 여기서 공부하시는 동안만 교회를 맡아주시면 안 될까요?"

"죄송하지만 제가 지금 그럴 상황이 아닙니다. 전임 교회에서도 일단 학업을 마치라고 해서 모든 걸 내려놓고 온 상황입니다. 정말 죄송합니다."

텍사스 올리브 한인침례교회에서 오신 분들이었다.

상황이 상황인지라 도저히 사역을 맡을 자신이 없어 거절했지만 두 분의 집사님들은 자리를 떠나지 않았다. 거리에서 계속 이야기를 나누기도 뭐해 집 안으로 모셔 차를 대접했는데 아무리 사양을 해도 도저히 뜻을 굽히지 않았다.

미주리에서 유학생들 대상으로 성경공부 그룹을 인도하는 것과 한 교회의 담임을 맡는 것은 사역의 규모가 달랐다. 정식으로 사역을 감당하기 위해서는 하루 빨리 학업을 완수해야 했다.

"목사님, 정말 딱 2년이면 됩니다. 여기 계시는 동안만 학업 하시면서 저희 교회를 맡아주시면 2년 동안 저희가 자립할 수 있는 준비를 해보겠습니다."

"뜻은 잘 알겠습니다만 저도 정말 공부가 급한 상황이라

전임 사역은 좀 힘듭니다."

"절대로 부담 드리지 않겠습니다. 맡아만 주세요. 제발요, 목사님."

"제가 지금 자리에서 말씀드리기는 어려울 것 같습니다. 기도해 보고 연락드리겠습니다."

많은 그리스도인들이 그렇듯 이때의 "기도해보겠습니다"는 부드러운 거절의 표현이었다. 그러나 기도하면 할수록 목자를 구하러 먼 곳까지 찾아와 물러서지 않은 이들의 열정에 차츰 감동이 됐다.

'하나님, 지금 제 학업이 급한데 사역을 한다면… 어떻게 해야 하죠?'

정말로 이번에는 거절하고 싶은 마음이 굴뚝같았다. 그러나 한편으로는 사역의 자리를 오히려 '주님이 예비하시는 것이 아닌지?'라는 생각이 들었다.

환상을 보고 아시아로 가서 선교를 하려한 바울이 유럽으로 선교지를 변경해야 했던 것처럼 지금 이곳에서 자신이 꼭 해야 할 일을 하나님이 마련하신 것 같다는 생각이 들었다.

김 목사는 기도 중에 주시는 하나님의 감동과 그날 찾아온 집사님들의 열정에 결국 사역을 맡기로 결심했다. 대신 졸업할 때까지 딱 2년만 맡는 조건이었다.

김 목사는 학업도 학업이지만 하나님이 보여주신 영혼

을 눈앞에 두고 그 교회에서 주님께 다시 쓰임 받기를 기도했다.

"모든 사람들이 놀랄만한 그리스도의 제자로 이곳에 계신 성도들을 성장시켜보자."

올리브 한인교회의 대부분 성도들은 미국에서 국제결혼을 한 분들이었다.

당시 국제결혼으로 양쪽 사회에서 끼인 대접을 받던 성도들은 대부분 어느 정도 소외감을 느끼며 의기소침해 있었다. 김 목사 역시 오랜 미국 생활 가운데 이들이 느끼는 미묘한 소외감을 어느 정도는 이해할 수 있었다.

김두화 목사의 사역은 언제나 하나님의 말씀, 그리고 한 영혼을 통해 시작됐다.

장소는 매번 달랐고, 만나는 대상과, 인종도 달랐지만 김 목사의 사역은 언제나 한 영혼을 향한 사랑과 열정, 그리고 진리인 하나님의 말씀에서 시작됐다. 말씀을 바로 알고, 말씀과 마주하는 사람은 자신이 죄인인 것을 깨닫고 주님을 영접하게 된다.

주님을 만난 사람은 즉 거듭난 사람이다.

이전과는 다른 사람이 되어 다른 말과 행동을 하니 삶 가운데 풍성한 열매가 맺힌다.

변한 것은 단 한 사람이지만 그 사람 주변의 모두가 변화를 눈치채고 부러워한다.

매일 보던 사람이 어떻게 하루아침에 변할 수 있는지 궁금해 하며 비결을 물어본다.

자연스럽게 성도들의 간증은 전도가 되어 주님께 인도하니 성도들은 주님이 주시는 기쁨이 넘친 삶을 살게 되었다.

정말 모든 성도들이 합심해서 말씀을 공부하며 그리스도의 제자로 자라났다.

일당백의 복음의 용사로 성장했다.

성도들은 복음에 갈급해 있었고, 살기 위해 젖을 힘껏 빠는 갓난아기처럼 말씀을 쭉쭉 빨아들였다. 이 교회의 성도들은 단 한 번도 안 된다고 말하는 법이 없었다.

새벽 5시에도 모여서 경건의 시간을 성실히 가졌고 큐티 한 달 치를 하루도 빼먹지 않고 빼곡히 적어왔다. 당연히 복음의 열매가 맺힐 수밖에 없었다. 말씀을 공부하고 기도할 뿐인데 저절로 삶이 변화되었고 열매가 풍성했다.

이들이 일군 열매가 성령 안에서 얼마나 알알이 맺혔는지 인근 신학교의 신학생들이 소문을 듣고 자신들도 양육훈련을 받으려고 찾아올 정도였다.

신학생들도 다 같은 신학생이 아니었다.

신학을 하면서도 구원받지 않은 학생,

신학을 하면서도 길이 맞나 고민하는 학생,

확신도 열정도 있어 더 훈련받기 위해 찾아온 학생,

구원의 확신도 없이 신학교를 졸업했다고 목사가 되고, 사역을 한다면 그런 사역자 밑에서 양육 받는 성도들만큼 불쌍한 처지는 없을 것이다.

김 목사는 왜 하나님이 자신을 이곳으로 인도하시고, 그분들을 보내셨는지 깨달았다.

복음에는 적당히가 없던 김 목사는 신학생이라고 해서 적당히 넘어가지 않았다.

이곳의 신학생들은 졸업한 뒤 미국, 한국, 해외 어디에선가 곳곳에서 사역을 하게 될 것이다. 잃어버린 영혼들을 위한 막대한 임무를 맡게 될 이들을 그대로 둬선 안 되겠다는 생각에 김 목사는 월요일에 신학생들을 집으로 초청했다. 중요한 주제나 말씀을 놓고 토론도 하고, 신앙적인 어려움을 겪는 학생들에겐 과거의 경험을 살려 상담도 했다.

그 시간이 어찌나 행복했는지 한낮에 모인 학생들은 누구 하나 자리를 뜨지 않았다. 저녁을 먹고도 아주 늦은 시간까지 자리에서 일어날 줄을 몰랐다. 마치 두란노 서원처럼 월요일만 되면 신학생들이 집으로 모여 김 목사와 밤 늦도록 성경과 신앙에 대한 이야기를 나눴다.

신학생들은 올리브 교회 성도들을 보고 자극을 받아 더욱더 하나님의 말씀에 매진했다. 심지어 믿음이 연약한 신학생들을 복음으로 인도한 성도들도 있었다. 사정이 이렇다 보니 점점 더 많은 신학생들이 몰려왔고 급기야는 신학생 가족의 숫자가 더 많아졌다.

계속해서 늘어나는 신학생들을 보고 교인들은 농담 반 진담 반으로 이런 말을 하곤 했다.

"목사님, 목사님은 우릴 위해서 사역을 하세요? 아니면 저 신학생들을 위해서 사역을 하세요?"

교인들의 질문의 뜻을 모르는 것은 아니었지만 한 명이라도 더 많은 사람들이 주님을 제대로 만나는 것이 중요했다. 이 뜻을 알았기에 교인들도 신학생들을 따스하게 도와주고 맞아주었다.

김 목사의 한 영혼을 향한 순수함과 열정은 언제나 영원한 청년의 모습을 띄고 있었다.

그 순수함과 열정이 또 다른 청년들의 마음에 복음의 불을 지폈고, 말씀으로 하나 되고 함께 한 청년들과의 아름다운 기억들 때문에 훗날 김 목사는 이 순간들이 사역 인생에서 아주 보람 있고 값진 시간들이었다고 고백했다. 그리고 김 목사의 이런 순수한 열정을 하나님은 작은 물결이 아닌 세상을 덮는 파도로 키우셨다.

다시 워싱톤에서 한국으로

학업을 마친 김두화 목사는 다시 워싱톤제일침례교회로 돌아와 사역하게 됐다.

그러다 주님께서 이동원 목사님을 다시 한국으로 부르셔서 한국에서 교회를 개척하게 되어, 워싱톤제일침례교회는 새로이 김만풍 목사님을 담임으로 모시고 두 교회가 협력 목회를 하게 됐다.

김 목사는 이 목사님이 한국에서 개척한 지구촌교회와 워싱톤제일침례교회에서 한국과 미국 사이의 다리 역할을 하는 선교담당 사역자로 동시에 활동하다가, 6개월 후 한국에서 지구촌교회를 개척해 사역하던 이동원 목사님의 요청을 받고 워싱턴지구촌교회를 사임하고 다시 한국 지구촌교회 초창기 개척 시절 함께 동역했다.

한국 지구촌교회에서도 여전히 선교의 중추를 담당했지만 수석 부목사로서도 사역을 했다.

그 당시 지구촌교회는 정신여고와 분당의 건물을 빌려 양쪽에서 매주 예배를 드리고 있었다. 이동원 목사님이 양쪽에 번갈아 가며 설교를 하셨기에 자연스레 공백이 생기는 쪽에서는 다른 목회자가 말씀을 선포해야 했는데 김두화 목사가 그 역할의 핵심이었다. 선교도 중요하지만 성도들의 믿음을 성장시키는 매주 영의 양식을 준비하는 일도 소홀히 할 수 없었다. 게다가 교회가 점점 커지다 보니 자연스레 부수적으로 처리해야 할 일들도 점점 늘어났다.

김두화 목사를 적극 신임했던 이동원 목사님은 교회의 많은 일들을 김 목사에게 일임했다. 그래서 교회에서 처리되는 많은 일들을 김 목사가 결제하곤 했다.

그러는 과정에서 주님은 김 목사에게 선교에 대한 부담과 갈망을 더 크게 주셨고, 김 목사는 주님의 인도를 위해 사모님과 함께 기도하기 시작했다.

그의 기도를 들으신 주님은 그가 영적으로 또 다른 기회의 땅이자, 선교의 전진기지가 될 수 있는 요충지인 미국 뉴욕에서 사역하기를 원하신다고 분별을 하게 됐다.

> "내가 네게 명령한 것이 아니냐 강하고 담대하라 두려워하지 말며 놀라지 말라 네가 어디로 가든지 네 하나님 여호와가 너와 함께 하느니라 하시니라" – 여호수아 1:9

기도 응답을 받은 김두화 목사는 굳은 결심을 하고 주님께서 이동원 목사님에게 말씀 드릴 기회를 주시기를 기다렸다.

그러던 중 어느 먼 지방에서 특별 집회를 끝내고 이동원 목사님과 우명자 사모님, 그리고 김두화 목사와 김해나 사모가 함께 귀경하는 길에 어렵게 김 목사가 미국에서 사역하기를 기도하고 있고 그간 주님께서 주신 마음과 간증을 말씀드렸다.

김두화 목사의 간증과 뜻을 들은 이동원 목사님은 한 동안 말이 없으셨다.

"……."

짧은 침묵은 아니었지만 시간은 훨씬 더 길게 느껴졌다. 결국 침묵 중에 기도하던 이동원 목사님은 마침내 결심이 서신 듯 한 마디로 대답하셨다.

"그렇게 하시지요"

김두화 목사의 비전과 행실을 잘 알고, 진정한 동역자로 생각했기에 이동원 목사님은 "나도 한때 뉴욕에서 목회와 선교를 생각했던 적이 있었는데…. 새 교회를 위해 기도하며 지원 하겠소"라고 하셨다.

준비하는 과정에서도 하나님의 사인으로 여겨지는 일이 있었다.

성도들에게 아직 사의 표명을 안 한 상태였는데 한 권사님이 상담을 하며 말했다.

"우리 딸네 부부가 뉴저지에 있는데요. 아직도 교회를 찾지 못하고 있으니 어쩌면 좋아요. 정말 걱정입니다. 목사님."

하나님이 맡겨주신 한 영혼, 그 영혼을 구하기 위해서라면 김두화 목사는 무엇이든 할 준비가 되어 있었다. 결국 한국에서의 보장된 안전한 삶과 그동안 쌓은 신망과 인맥 등을 모두 뒤로 한 채 김두화 목사는 하나님이 명하신 새 땅인 뉴욕으로 아무런 계획도, 준비도 없이 주님을 의지해 떠나게 됐다.

그때 함께 선교 사역을 했던 이관희 박사님(그때는 집사)**의 간 증과 비전을 소개한다.**

〈저와 김두화 목사님이 처음 만난 것은 1995년 워싱턴 지구촌교회에서입니다.

저는 그때 미국에서 연수 중이었습니다. 단기선교팀에 동참하게 된 저와 제 아내는 단기선교를 가기 전에 선교 훈련을 하게 되었는데 이 일을 관장하시는 목사님이 김두화 목사님이었기 때문입니다. 단기선교 보고회를 할 때 우 크라이나와 러시아를 다녀온 저희 팀이 일을 잘했다고 칭 찬하셨습니다.

그해 겨울 주차장에서 저를 만난 목사님은 한국지구촌 교회로 가게 되었다고 짤막하게 이야기하셨습니다.

1996년 저도 연수를 마치고 한국에 돌아오게 되었습 니다.

저는 연수 전에 서울의 한 교회에 출석하고 있었고 중등부 교사를 하였습니다. 담당 장로님과 중등부 부장님은 저에게 미국에서 돌아오면 다른 교회에 가지 말라고 시계를 사 주셨고, 미국에 있는 동안에도 기도해 주신 것을 알고 있었기에 저는 어느 교회를 갈지 상당히 고민했습니다.

일요일 새벽, 한국에 도착한 저는 그날은 지구촌교회에 출석하기로 하고 다음 주에는 그 교회로 가려고 생각하고 있었습니다. 지구촌교회에 도착하여 엘리베이터을 타려는 순간 김두화 목사님과 마주쳤는데⋯ 매우 반가워하며 "한국에 오시면 하실 일을 만들어 놓았습니다. 해외 선교 위원회로 오시지요"라고 말씀하셨습니다.

1996년 한국 지구촌교회의 해외 선교는 큰 폭포수 앞에 있는 작은 배와 같이 흔들리는 모습이었다고 기억합니다. 주님은 지구촌교회 선교를 위한 큰 성령의 물길을 준비하고 계셨지만, 교회를 개척한지 얼마 안되었기에 준비는 부족한 상황이었습니다. 수백 명의 선교사 지망생이 교회로 밀려들어와 있었고, 그 해 단기선교에 백 명 이상이 지원한 상황이었습니다.

7월에 단기선교를 보내야 하는데 3월에 준비된 것은 많지 않았습니다. 그래서 그 준비로 교회에 자주 갈 수 밖에 없었고 김 목사님과 자주 뵐 수밖에 없었습니다. 기도하지 않으면 안 되는 상황 가운데, 해외선교부에 좋은 동역자들이 있어 그 해의 단기선교를 무사히 마칠 수 있었습니다. 기적과 같은 일이었습니다.

김 목사님은 여러 가지 제안을 하셨습니다.

그 내용들이 지금 한국 지구촌교회의 선교에 밑거름이 되었다고 생각합니다. 김 목사님의 제안에 따라 선교의 방향이 설정되고 실행되었습니다.

'이젠 좀 안정이 되는구나'라고 생각할 무렵 김 목사님께서 미국 새 사역지로 가실 예정이란 소식을 듣게 되었습니다. 혼자 남았다는 생각이 밀려오면서, 저는 큰 책임감의 무게로 눌리고 있었습니다. 그러나 주님이 이끌어 가시는 선교를 보고 "선교는 성령의 강 흐름 속에 작은 배에 타고 있는 일이구나"라는 생각을 하게 되었습니다. 책임감이 즐거움으로 변했습니다.〉

New Jersey

6

뉴저지에서 교회 개척

이동원 목사님은 김두화 목사의 열정과 순수함과 인격을 높이 평가했기에 한국에서 함께 사역하는 방향을 바라셨으나 김 목사의 선교에 대한 열망을 알았기 때문에 이 목사님도 유엔 본부가 있으며 400여 인종이 살고 있는 미국 동부의 중심지가 적격이라고 추천하셨고, 두 사람은 기도 가운데 그곳에 하나님의 뜻이 있다고 분별했다.

뉴저지는 조지 워싱턴 다리만 건너면 바로 맨해튼으로 이어지는 곳이다. 선교 중심적으로는 이보다 더 완벽한 위치가 있을 수 없었다. 실제로 미국행을 결심했을 때 이 목사님이 직접 여러 제반 준비를 도와주시고 오랜 기간 기도하며 지원해 주셨다.

일단 집부터 계약하고 교회가 될 자리를 구했으나 여러

첫 예배 사진

난항이 예상됐다. 그렇다고 가만히 앉아 있을 수는 없어 일단 집에 임시로 강대상을 만들어 리빙룸에서 첫 예배를 드리기로 했다.

예배 준비를 위해 층계를 오르내리며 좀 시끄러운 소리에 아래층 주인집에서 "일요일 아침부터 도대체 이게 무슨 난리야? 당장 조용히 하시오"라고 벨을 누르고 소리치고 야단이 났다.

1층은 집 주인이라 뭐라 대꾸할 수도 없었다.

첫 주는 6명이 모여 어떻게든 예배를 마쳤으나 당장 다음주부터가 문제였다.

1층이 같은 세입자도 아닌 집 주인이다 보니 자칫하면 제대로 사역을 시작도 못하고 살던 집에서 내쫓길 판이었다. 머리로 아무리 생각해 봐도 도저히 방법이 떠오르지 않았다.

마지막 남은 방법은 역시 기도뿐이었다.

그런데 다음 주가 되자 기적이 일어났다.

아래층이 조용했다. 집 주인의 부모님이 갑자기 위독해서 간호하려 급하게 중국으로 떠난 것이다. 이제 자유롭게 예배를 드릴 수 있는 여건이 조성됐다. 진실로 하나님의 능력은 사람의 지혜를 뛰어넘는 놀라운 능력과 은혜였다.

"너희 믿음이 사람의 지혜에 있지 아니하고
다만 하나님의 능력에 있게 하려 하였노라" – 고린도전서 2:5

더욱 놀라운 사실은 그다음에 일어났다.

어느 날 집 주인의 두 딸들이 앞 마당에서 놀고 있어 그 어머니에게 교회에 데려가도 될지 묻고 흔쾌히 허락을 받아 주일학교에 참석케하였다. 두 소녀가 예수님을 구원주와 주님으로 영접하고 예배를 드리게 되었다. 매 주일마다 빠지지 않고 교회를 가게 되니 그 어머니가 궁금하여 함께 교회를 나오게 되었고 김 목사와 상담을 통해 예수 그리스도를 구주와 주님으로 영접하고 믿음이 나날이 성장하였다. 그 후 주일학교 교사까지 맡게 되었다.

아직 영어부가 신설되지 않아 그녀에게 양육이 필요한 때, 그녀는 근무하는 AT&T 회사까지 왕복 2시간을 기독교 방송을 들으며 운전해 세계 유명한 목사님들의 설교와 성경 강해를 통해 주님을 깊이 만나는 은혜의 시간이 되었다고 고백하였다. 저녁이면 자주 2층에 올라와 상담과 들었던 말씀들을 나누며 개인 양육의 시간을 가지니 성령의 인도하심이었다.

어느 날 이 자매가 김 목사를 찾아와 갑자기 중국 교회로 가야겠다며 다음과 같이 말했다.

"목사님, 부모님을 위해 더 늦기 전에 전도해야 할 사명이 저에게 있는 것 같아요."

미주리에서 밤새 주님을 부인하다가 울음과 함께 무너진 그 유학생을 보는 것 같았다.

정말로 한 영혼이 주님을 만나면 모든 것이 변화된다. 주님을 영접한 사람은 주님의 제자가 되며, 주님의 제자가 된 사람은 복음을 전하지 않고는 견딜 수 없는 갈증을 느낀다. 주 예수를 믿는 한 사람으로 온 가족이 구원받는 놀라운 역사가 일어나는 것이다.

이 역사는 사람을 넘어, 가정을 넘어 때로는 한 나라, 한 민족으로까지 퍼져나가는 놀라운 역사다.

하박국 선지자의 말처럼 물이 바다 덮음같이 온 세상이 예수님을 믿게 되는 그 사건, 온 세상에 퍼져가는 복음이 김 목사가 유일하게 품은 소망이었다.

"이는 물이 바다를 덮음 같이 여호와의 영광을 인정하는 것이 세상에 가득함이니라" – 하박국 2:14

김 목사는 교회에서도 가정에서도 큰 소리를 내는 일들이 거의 없었다.

사랑하는 딸이 잠시 겪은 방황으로 인해 생전 처음으로 매를 들고는 서재에 들어가 몇 시간을 눈물로 기도했다.

걸인이 교회에 찾아와서 이러저러하니 도와 달라고 하면 그때마다 도와주었다. 이에 "습관적으로 오는 사람들을 그렇게 도와야겠어요?"라고 하자 김 목사는 "도와주며 그의 손에 전도지 한 장을 쥐어 줄 수 있는데 좀 속으면 어떻냐?"라며 화를 냈다.

교인들도 점점 늘어나고 새로운 건물이 필요하던 중 때마침 뉴저지에 있는 제일한인침례교회에서 연락이 왔다.
당시 어떤 사정으로 목회자가 떠나 교회가 매우 어렵고 힘든 상황이었다.
목자가 없는 양처럼 어렵고 위태한 상황 같았다. 그 교회 대표 몇 분이 오셔서 교회를 연합하자고 제의하였다.
김 목사에겐 모두가 다 같은 소중한 영혼이었다. 그로 인해 그렇게 기도하던 교회당 문제까지 모든 것이 해결됐다.

김 목사는 하나님이 자신에게 맡겨주신 소명을 다하기 위해 불꽃같은 열정을 쏟았다.
말씀으로 목 놓아 가르치며 제자들을 키워냈고 매주 찾아오는 불신자들에게 담대히 복음을 전했다. 훈련받은 성도들은 거의 매주 불신자들을 교회로 데려왔으며 그로 인해 많은 잘못된 길을 걷고 있던 영혼들이 주님을 영접하고 생명의 길을 걸어갔다.

교회가 자리 잡고 난 뒤에는 이동원 목사님이 오셔서 전도 집회 강사를 맡아주셨다.

이 목사님과 함께 온 열명 정도의 전도팀은 단순히 집회만 준비하는 것이 아니라 불철주야로 교회를 위해 발 벗고 나섰다. 낮에는 거리를 돌아다니며 전도지를 돌렸고, 밤에는 곱게 한복을 차려입고 안내를 해주었다. 무엇보다 가장 중요한 중보기도를 쉬지 않았다. 불신자가 너무 많이 왔을 때는 상담까지 해주실 정도로 모든 분들이 믿음 안에 매우 실력 있는, 잘 훈련된 주님의 군사였다.

이분들의 도움과 그동안의 제자훈련으로 변화된 성도들의 영향력으로 집회 내내 수많은 새로운 사람들이 찾아왔다.

특히 유학생들이 엄청 많았다. 근처에 있는 명문 대학들, 줄리어드, 맨하탄 음대 등에 공부하러 왔다가 방황하던 청년들이 이 집회를 통해 신앙을 찾고 변화되는 놀라운 역사들이 계속해서 일어났다. 복음의 능력을 확신하는 사역자 한 명을 통해 얼마나 많은 영혼들이 주님을 영접하고 변화되는지… 이 목사님과 김 목사의 삶이 증명하고 있다.

　김 목사는 청년들만큼 가정 사역에도 큰 힘을 쏟았다.
　청년 사역이든 가정 사역이든 결국은 하나님이 허락하신 가정이란 공동체를 바로 세우는 결과로 이어져야 한다는 것이 김 목사의 생각이었다. 김 목사가 체험한 하나님의 복음은 그랬다. 김 목사 본인의 삶에도 구원의 능력은 스스로에게서 끝나지 않았고 잊었던 가족, 새로운 가족에게까지 미쳤다.
　김 목사를 통해 복음을 믿게 된 청년들도 마찬가지였다.
　하나님을 믿음으로 가족과 의절한 경우보다는 하나님을 믿음으로 가족들도 전도한 경우가 압도적으로 많았다.

　그런 이유로 김 목사는 한국에서 진행하는 '아버지 학교'에 매우 관심이 많았다. 당시 뉴욕과 근교에는 아버지 학교를 진행하는 곳이 없어 온누리교회에 관련 사항을 문의하러 정말로 수없이 국제 전화를 했다. 담당자는 "아버지 학교는 반드시 이미 수료한 성도들을 통해서만 진행될 수 있다"라고 말했다.
　그 당시 미국에서 아버지 학교를 운영하는 곳은 뉴욕과 정반대인 서부 캘리포니아가 가장 가까운 장소였다.
　사역을 위해 400킬로미터가 넘는 거리도 매주 다녀 본 김 목사였지만 광활한 미국의 서부와 동부는 차원이 다른 이야기였다. 그럼에도 복음 앞에선 한 번도 물러선 적이 없는 김 목사는 다시 한번 결단을 내렸다. 미국의 가장 동부인 뉴저지에서 가장 서부인 캘리포니아로, 성도들이 비행기를 타고가서 2주 동안 참석한 후 2001년 10월 27일 뉴저지 아버지 학교 1기가 시작됐다. 이 프로그램으로 인해 정말로 많은 가정들이 변화되며 가정을 통해 하나님이 심어주신 천국의 기쁨을 맛보았다.

김 목사는 뉴저지에 손님들이 찾아올 때마다 첫 번째 관광 코스로 가는 곳이 있다.

맨해튼의 화려한 야경이 한 눈이 들어오는 언덕에서 김 목사는 자신에게 하나님이 주신 선교의 꿈을 모든 사람들과 나눴다.

"지금 바라보고 계신 저곳은 미국뿐 아니라 전 세계에서 가장 발전된 대도시입니다. 가장 바닥에 사는 사람부터 가장 부유한 사람, 마약과 동성애와 온갖 범죄가 일어나고 세계무역센터와 UN 본부가 있는 곳, 그곳에 수많은 종족들이 있습니다.

미국에는 미국 사람들만 산다고 생각하지만 실상은 매우 많은 인종들이 살아가고 있습니다. 400여 종족들이 187개의 언어를 사용하고 있는 이곳에 복음을 전하고 선교의 꿈을 심는다면 이들이 각자의 고향으로 돌아가 다시 그들의 가족, 친구, 민족들에게 복음을 전하지 않겠습니까?"

김두화 목사의 사역은 언제나 복음 중심, 선교 중심이었다. 어려운 중에도 선교의 꿈을 포기했던 적은 단 한 번도 없었다.

중국, 러시아, 동남아의 많은 나라들과, 멕시코, 도미니카공화국으로 단기 선교를 다녀왔고 그곳을 다녀온 많은 청년과 신학생들은 비전을 품고 다시 선교사로 파송됐다. "땅끝까지 가서 증인이 되는 삶"을 살았던 김 목사는 세상의 힘과 지식이 아닌 성령의 힘으로 살아가던 사람이었다.

> "오직 성령이 너희에게 임하시면 너희가 권능을 받고 예루살렘과 온 유대
> 와 사마리아와 땅 끝까지 이르러 내 증인이 되리라 하시니라"
>
> ─사도행전 1:8

주님의 부르심을 따라 소천

인간은 이해할 수 없는 하나님의 계획하심이 있다.

김두화 목사는 대장암으로 인해 갑작스럽게 하나님의 부르심을 받았다. 그야말로 청천벽력 같았다.

최소한의 교회 운영비를 제외하고는 언제나 해외 선교와 북한 선교를 위해 재정을 사용했기에 의료보험도 들지

않아 치료에도 어려움이 컸다.

김두화 목사는 정말로 복음밖에 모르는 이 시대의 순수한 사역자였다.

사경을 헤매면서도 옆 병상에 있는 독일인 환자에게 복음을 전했다. 그는 "이런 놀라운 복음은 처음으로 들었다"라고 기뻐하며 감사의 말을 전했다. 그리고 그곳에서 일하는 크리스천 치료사들에게 '사명자의 삶'에 대해 온 힘을 다해 전했다.

누군가 찾아와 찬송을 부르면 함께 따라 불렀고, 교회 사정이 어려워지며 성도들이 교회를 떠날 때에도 오히려 "우리 교회에서 훈련받은 성도들이 다른 교회에서 리더가 되어 선한 영향력을 끼칠 테니 좋은 일이다"라며 바다와 같은 마음으로 품었다.

고통 중에도 아름다운 마지막 시간들이 되었다.

주님을 모르는 영혼들을 찾아가 복음을 전할 때마다 예외 없이 응답하셨던 주님, 주님이 왜 김두화 목사의 가장 절박했던 기도에는 응답하시지 않으셨는지 우리는 알 수 없다. 그러나 분명한 것은 김두화 목사는 의식이 없는 마지막 순간까지 주님의 계획을 신뢰했으며 기쁜 마음으로 천국을 향해 떠났다. 또한 주님께서도 한평생 수고했던 주님의 종의 아픔과 슬픔을 함께하며 영혼에 위로를 부어주셨으리라 믿는다.

2015년 11월 18일 오전 11시 30분

김두화 목사는 주님의 부르심을 받아 하나님의 품으로 떠났다.

이틀 뒤인 20일 천국 환송 예배가 드려졌고, 21일 드려진 발인 예배와 하관 예배 때 정말로 많은 사람들이 모여 끝까지 하나님의 말씀에 순종했던 종, 그러나 아쉽게도 너무 일찍 부르심을 받은 종, 김두화 목사를 함께 보냈다.

김두화 목사가 하나님의 부르심을 받고 천국 환송 예배가 드려졌을 때 워싱턴, 뉴저지 지역에 있는 대부분의 아는 목사님들이 한걸음에 달려왔다. 한국에 계신 인연 있는 목사님들은 영상으로라도 추도의 메시지를 보내왔고 김두화 목사를 통해 청년시절 주님을 영접했던 수많은 사람들이 눈물로 김두화 목사의 떠나는 길을 함께 했다.

오엠 로고스(OM Logos)에서 한 시절을 보냈던 최종상 선교사님은 영국에서 소식을 듣자마자 단박에 달려오기도 했다.

환송 예배에서 어느 목사는 다음과 같은 기도로 추도

했다.

"세상에 성공한 목사, 유명한 목사는 너무나도 많지만 김두화 목사님만큼 순수한 목사는 없었습니다. 욕심, 명예, 그 무엇도 추구하지 않고 오로지 복음을 위해 사셨습니다. 저에게는 그 어떤 목사님들보다 김두화 목사님이 슈퍼스타셨습니다. 동화 속의 아낌없는 나무처럼 모든 것을 주시고 떠나셨기 때문입니다. 이 자리에 모인 우리를 비롯해 정말로 수많은 사람들이 사랑과 복음의 빛을 김두화 목사님께 지고 있습니다."

환송 예배

또한 영적 멘토이자 동역자로서 청년 시절 이후 거의 함께 사역했던 김두화 목사의 면면을 가장 잘 알고 계시는 이동원 목사님은 갑작스런 일이라 일정상 멀리있어 장례식에는 참석하지 못했다. 그러나 안타까운 마음을 담은 영상으로 추모의 메시지를 보냈다.

한국 교회사에, 세계 선교사에 업적을 남기고도 김두화 목사는 한 번도 사람들 앞에서 그 사실을 드러낸 적이 없다. 주님을 아직도 모르는 한 영혼만이 김두화 목사의 모든 관심사였다. 김두화 목사는 언제나 하나님이 부르신 자리에서 허락하신 영혼들에게 복음을 전하는 일에만 힘쓰곤 했다. 하나님은 적재적소의 장소에 김두화 목사를 인도하셨고, 자신이 사랑하는 수많은 영혼들을 맡기셨다.

평생의 동반자이자 사역의 훌륭한 동역자였던 김해나 사모는 김두화 목사의 재산은 말씀뿐이라고 말했다.
특히 아래 두 말씀이 그를 붙들었다고 한다.

"이는 물이 바다를 덮음 같이 여호와의 영광을 인정하는 것이
세상에 가득함이니라" – 하박국 2:14
"비록 무화과나무가 무성하지 못하며 포도나무에 열매가 없으며
감람나무에 소출이 없으며 밭에 먹을 것이 없으며
우리에 양이 없으며 외양간에 소가 없을지라도

나는 여호와로 말미암아 즐거워하며

나의 구원의 하나님으로 말미암아 기뻐하리로다

주 여호와는 나의 힘이시라 나의 발을 사슴과 같게 하사

나를 나의 높은 곳으로 다니게 하시리로다" – 하박국 3:17-19

김두화 목사의 삶은 영혼 구원을 위한 오롯한 전력투구였다.

잃어버린 한 영혼을 만날 수 있다면 주님이 보내시는 곳은 어디든 갔다.

복음만 전할 수 있다면 상대가 누구든 가리지 않았다.

하나님의 말씀의 능력을 믿고 누구도 포기하지 않았다.

그저 몇 줄로 나타내기엔 너무 쉬운 문장이지만, 또한 너무나 많은 그리스도인들이 습관적으로 쓰는 문장이지만, 김두화 목사는 정말로 한 평생의 삶으로 이 귀한 사명을 누구보다도 훌륭하게 감당하는 주님의 종이었다.

김두화 목사의 사역은 원대한 계획이나 비전을 통해 이루어지지 않고 한 걸음, 한 걸음 하나님이 비추시는 바로 앞을 보고 걸어간 족적이었다. 그러나 그 한 걸음, 한 걸음 걷고 나서 뒤를 돌아보니 김두화 목사가 걸어간 길은 작은 오솔길이 아닌 울창한 숲이었다.

김두화 목사 인생의 대부분의 사역은 갑자기 시작된 경우가 많았다.

김두화 목사가 몸담았던 GMC(지구촌선교공동체)의 한 S.N.S. 계정에는 김두화 목사를 추모하기 위해 마련된 페이지가 있다. 청년 시절 김두화 목사를 통해 주님을 만나 복음의 빚, 사랑의 빚을 진 많은 성도들이 지금도 김두화 목사를 그리워하며 추모하고 있다. 그중 임종을 지켰던 한 청년의 글을 정리하여 남긴다.

〈나의 영적 멘토, 영적 아버지, 김두화 목사님을 보내드리며…

목사님이 아프시단 소식을 듣고 달려간 그날 아침, 목사님과는 한 마디도 나누지 못했지만 어쩐지 목사님은 저에게 이렇게 말씀하시는 것 같았어요.

"인영 자매, 너무 슬퍼하지마.
더 좋은 곳으로 가는데, 뭘…
내가 먼저 가서 자리 잡아놓고 기다릴 테니까
열심히 주어진 삶 살다가 와.
내가 하늘에서 응원해 줄게!"

한달음에 달려간 병실에서 마주한 목사님의 모습은 몰라볼 정도로 야위었고 숨도 제대로 쉬지 못했어요. 지금껏 바쁘단 핑계로 찾아뵙지도 못했기에 괜스레 울컥하고 말도 제대로 나오지 않았습니다.

"아직 귀는 열려 있어서 들으실 수 있어요"라는 사모님 동생분의 말씀에 다급히 말이라도 꺼내 보려 했지만 제대로 목소리가 나오질 않았습니다. 하지만 더 늦기 전에 목사님께 제 목소리를 들려드려야 했습니다.

"목사님 저, 인영이에요. 제가 왔어요. 목사님.

너무 늦게 와서 죄송해요.

좀 더 일찍 와서 목사님과 대화도 나누고 그래야 했는데 이제 와서 너무 죄송해요."

말을 하자마자 참았던 눈물이 쏟아져 나왔습니다.

목사님과 함께 한 추억들이 새록새록 떠올랐습니다.

목사님 덕분에 신앙을 갖게 됐던 추억, 선교 여행도 갔던 추억, 신학교도 가고, 가끔씩 시간 날 때마다 차도 태워주시고 나누었던 많은 이야기들…. 그럼에도 눈물이 멈추질 않았어요.

그러다 선교 준비하며 함께 했던 노래가 떠올라 불러드렸는데 기억나시죠? 목사님….

"마할 까낭 디오스. 다밧몽 말라만. 힌디 까낭, 바바 바야 안…."

목사님이 들으실 수 있을 거라 믿고 두서없이 생각나는 대로 이것저것 말씀드렸는데….

함께 대화를 나눌 수 있을 때 좀 더 자주 올 걸 하는 후회

만 가득하고 시간을 되돌릴 수만 있다면 하는 생각이 가
득했어요.

왜 이렇게 빨리 가셨어요, 목사님. 너무 그립습니다.〉

**그런데 김두화 목사님의 비전과 정신은 지금도 역동적으로
일하고 있다.**

뉴저지 지구촌교회 초창기 때 한국 지구촌교회 이동원
목사님과 전도대원들이 와서 노방전도하며 안내를 했을
때 참석했던 이관희 박사님(지금은 장로)의 간증이다.

이 박사님은 김두화 목사의 워싱턴 지구촌교회와 한국
지구촌교회 사역에서도 함께 동역한 분이다.

〈"뉴저지 지구촌교회의 창립 예배에 이동원 목사님과 한
국 지구촌교회 전도팀이 참석했습니다. 우리는 전도지도
돌리고 창립 예배에 처음 참석한 분들을 위해 기도하고
복음을 전하면서 축하했습니다.

바로 9.11. 테러가 터지면서 뉴저지 지구촌교회 회계 집
사님이 쌍둥이 빌딩에서 돌아가셨습니다. 김두화 목사님
은 안타까워하시면서 "생명을 살리려고 열심히 일하고
있는데, 생명을 무참하게 거두려는 사람들이 있어 답답하
다"라고 말씀하셨습니다. 우리는 그때 뉴욕에 솟아오르

는 검은 연기를 보면서 그럼에도 선교를 멈출 수 없다고 생각했습니다.

제가 미국에 회사를 설립하면서 목사님을 모시고 예배를 드렸습니다.
선교를 위해 쓰임 받는 회사가 되도록 기도해 주셨습니다.
몇 년 후에 교회 창립을 기념하는 예배에 저에게 기념사를 하도록 부탁하셨습니다.
저는 계시록의 빌라델피아 교회를 생각하면서 뉴저지 지구촌교회가 하나님 성전의 기둥이 되도록 축복하였습

김두화 목사 부부와 이관희 박사 부부

니다.

이때에 저와 목사님은 선교를 위한 비영리 기관의 필요성을 공감하였습니다.

이 비전을 통해 Blue Ocean을 설립하게 되었습니다.

현재 이 기관을 통해 여러 나라에서 14개 사업을 실시하고 있습니다.

캄보디아에 두 개의 유치원과 AIDS 예방사업, 태국의 은혜의 집과 선교사 도움센터, 인도네시아 발리의 구제와 교육사업, 한국의 지구촌교회와 협력하는 선교사 care, 미국 라스베이거스 침례교회의 협력 선교 사업, 미국의 어린이 미술교육, YWAM 워싱턴 사역, 모로코와 모리타니아의 구제와 의료사역, 선교사 자녀 장학금 지급, YWAM 제3국 출신 교육생의 장학사업, 미국 한인 목회자 자녀의 장학사업, 그리고 현재 준비하는 뉴욕의 선교센터, 베들레헴의 유치원 사역들입니다.

Blue Ocean

뉴저지 지구촌교회는 선교를 위해 창립된 교회입니다.
뉴욕에는 많은 종족들이 모여 살고 있습니다.
어려움을 피하여 나그네 된 사람들이 많고, 복음에 마음이 열린 상황에 있는 사람들이 많은 곳입니다.

조선에 오신 여러 명의 선교사들이 선교 사명을 받은 곳
도 뉴욕입니다.
김 목사님은 이곳에서 여러 종족의 사람들에게 복음을 전
하기 위해 뉴저지 지구촌교회를 창립하셨습니다.
선교형 교회입니다.

이런 교회에서 복음에 대한 헌신이 부족한 분들은 버티기
힘듭니다.
어려운 목회라는 것은 알고 계셨지만 김 목사님은 뜻을
굽히지 않으셨습니다.
Visionary이면서 실행가이신 목사님은 여러 가지 일을 시
작하셨습니다.

김 목사님의 유언인 "주님께 맡겨"라는 말씀과 같이, 시작
하신 일들을 예수님과 남은 자들에게 맡기고 떠나셨습니
다. 목사님은 계시지 않지만, 소망하던 모든 일들이 남은
자들에 의해 이루어지기를 간절히 기도합니다."〉

김해나 사모는 이렇게 말했다.
"김두화 목사님은 주님을 사랑하고 정말 영혼을 사랑했
습니다.
주님 앞에 늘 자신의 연약함과 부족함을 내어놓고 눈물로
고백했던 주님의 종이었습니다.

어떤 어려움 속에서도 가정의 울타리 안에 우리를 지켜준 자상한 남편이었고 딸 하영이의 아빠였습니다."

딸 하영이가 아빠 김두화 목사에게…

"사랑하는 아빠,
아빠가 천국에 가신지 벌써 6년이 되었어요. 아직도 모든 일들이 어제 일처럼 기억나는데….
저는 우리가 살던 Ridgefield 집에 오래된 크리스마스트리 향을 지금도 맡을 수 있고, 아빠의 밝은 웃음소리와 매일 밤 나를 위해 기도하시던 아빠의 기도를 들을 수 있어요. 아빠가 왜 그렇게 고통스러운 길을 가야 했는지 다 이해할 수 없지만 모든 것에 대한 하나님의 섭리가 있다는 것을 믿어요.

아빠의 손자 성진(Aidhan)이가 태어난 지 몇 개월이 되었을 때 처음 아빠를 만났고 그리고 마지막이 되었어요. 아빠는 침상에 누운 채 마치 하나님께 올려드리듯이 온 힘을 다해 성진이를 번쩍 들어 올리셨어요.
아빠, 이제 성진이가 6살이 되었어요.
많은 사람들이 성진이가 할아버지를 닮았다고 해요. 아빠가 여기 계셨으면 무척 사랑하셨을 텐데….
성진이는 장난기가 많고 모든 것에 호기심이 너무 많아

요. 성진이는 나에게 하루 100개 이상의 질문을 하는데 어느 때는 정신을 차릴 수가 없어요. 저는 성진이에게 아빠의 사진을 보여주고 아빠와 함께 있어 성장할 기회가 없더라도 항상 아빠를 생각하고 아빠가 하나님의 충실하고 훌륭한 아버지였고 남편이었음을 알게 하려고 해요.

아빠가 돌아가시기 전 이런 이야기들을 할 기회를 가질 수 없었지만 저에게 어린 시절 최고의 삶을 주신 것을 늘 감사해요.

어린 시절을 생각하면 학교나 장난감보다는 매년 여름 성경학교에 갔던 일과 교회의 수양회에 갔던 일들이 기억나요. 가족이 갖는 즉흥적이고 짧았던 여행도, 매년 있는 목회자 가족 수련회에 아빠, 엄마와 함께 참석했던 소중한 추억들도 기억해요. 저도 성진이가 믿음의 걸음을 걸을 수 있도록 도우려 노력하고 있어요.

성탄절과 추수감사절이면 갈 곳 없는 유학생들과 외로운 분들을 초대해 저녁 식사를 함께 한 것은 매년 우리 집의 전통이었지요. 아빠는 저에게 너무나 많은 것들을 가르쳐 주셨고 저는 그 교훈을 제 아이에게 계속 물려주기를 원해요.

청소년기를 지나며 얼마나 많이 아빠, 엄마의 마음을 아프게 했고 화나게 했는지 죄송한 마음이에요. 이제 아이를 키우며 이 일이 쉽지 않은 길임을 조금씩 배워가고 있어요. 내가 아빠에게 좀 더 잘했더라면 아빠가 떠나시기 전에 아빠에게 해 드릴 수 있는 일이 많았겠지만 이제 할 수 없기에 하늘에서 지켜보시고 걱정하시지 않도록 자랑스러운 삶을 살도록 노력할게요.

아빠를 다시 만나는 날까지 제가 결코 되돌릴 수 없는 내 마음의 한 조각을 아빠는 늘 갖고 계시겠지요. 아빠를 그리워하고 잊지 않을 거예요. 날과 달과 해가 오고 가지만 아빠는 영원할 것입니다.
아빠, 사랑해요! - 아빠 딸 하영 드림"

두화 형제에게

영원한 홈으로 떠나는 길
전송하지 못해 정말 미안하구려.
그러나 진정 아픔을 넘어 미소로 보내고 싶소.
이제 그 지긋 지긋한 육의 고통에서 해방되셨구려.
그리고 우리의 창조자 큰 아빠 품에 안기셨으니.
그대는 본래 너무 순수해서
전통 목회에는 어울리지 않았소.
그래서 천국 귀향이 누구보다 더
행복한 걸음이 되었겠소.

본인은 못 챙기고 남만 챙기다 간 그대 인생
한 영혼을 위해 밤이 모자랐던 그대의 활화산 같은 열정
알만한 사람들은 다 알고 누구보다 주님이 아셨으리니.
형제여 이제 세상 일은 다 잊고 편히 쉬시길
거기서도 영혼 걱정하고 선교 걱정할까 봐 난 걱정이오.

오늘 고국에는 마지막 낙엽들이 거리를 장식하고 있소.
난 그 낙엽 속에서 그대의 얼굴을 떠 올리고 있소.
그리고 그대와 함께 한 많은 날들의 추억을 떠 올리고…

그대는 정말 인간적으로 쉽지 않은 길을 걸어왔소.
그만큼 도전이 쌓인 길을
믿음으로 걸어왔던 걸음걸음
그러나 고뇌와 함께 부드럽고
수줍은 미소를 잃지 않았던 그대
그리고 복음 앞에 누구보다 100% 순수했던 그대의 가슴
그래서 그 열정에 감염된 수많은 가슴들을 남겼던 그대
그래서 그대는 세상이 세상 사람들이 흉내 낼 수 없었던
세상이 오히려 그대에게 적응할 수 없었던
하늘의 사람이었소.

이제 세상일랑 그대의 주님께 다 맡기고 떠나시오.
거기 영원한 홈에서 그대의 눈물을 씻기실 주님과 함께
주님을 영원토록 즐거워하는 그 영광 속에 편히 쉬시오.
곧 따라가 우리 못다 한 이야기들을
영원토록 나눌 수 있기를.

그대가 사랑한 사모, 하영이 다음으로
추억을 함께 한 사람
그대 걸어간 길에 눈물과 미소를 함께 한 친구 이동원

지인들의 안타까움들

1

김두화 목사님의 가장 힘든 시간을 옆에서 지켜보며

윤양필 목사(미국 뉴저지, 라이프교회 담임)

저는 뉴욕 지구촌교회에서 5년 반 동안 부교역자로 김두화 목사님과 함께 사역하다가 뉴욕 지구촌교회에서 목사 안수를 받고, 뉴욕 지구촌교회의 파송을 받아 라이프교회를 개척해 사역해 오고 있습니다. 그렇기에 김두화 목사님은 제게 영적 아버지와 같고, 뉴욕 지구촌교회는 친정과도 같습니다.

제가 뉴욕 지구촌교회에서 김두화 목사님과 함께 사역했던 5년여의 기간은 김두화 목사님께서 가장 힘들어 하던 시기였습니다. 사역적으로 김두화 목사님이 가장 힘든 시기에 부교역자로 함께 사역했었고, 이후 1년여의 암 투병의 터널을 지나 하나님의 부르심을 받기까지 사모님과 가족들을 제외하고 가장 가까이서 목사님의 마지막을 함께했기에 김두화 목사님의 진면목을 객관적으로 가장 잘 볼 수 있지 않았을까 생각합니다.

'김두화 목사님' 하면 가장 처음으로 떠오르는 이미지는 **참 인격적인 분**이시라는 것입니다.

제 신학교 동기 중 한 명은 큰 교회에서 사역하고 있는데 교회 목사님께서 매주 사역자들로부터 부서별 보고를 받다가 마음에 들지 않으면 비인격적인 말을 한다는 이야기를 들었습니다.

김두화 목사님은 아들뻘 되는 나이의 부교역자들에게도 항상 존댓말을 쓰시며 늘 인격적으로 대해 주셨습니다. 자신의 생각과 다르더라도 일단은 부교역자의 말을 경청하신 후 자신의 생각을 말씀하셨습니다. 성도님들을 대할 때도 자신의 말과 행동으로 상처를 주지 않도록 언행을 살피셨습니다. 신앙은 성품이라는 열매로 드러나기에 목사님은 참 성숙한 신앙의 소유자셨습니다.

또한 목사님은 **참 따뜻한 분**이셨습니다.

상대방을 인격적으로만 대하다 보면 딱딱하고 형식적인 관계로 굳어지기 쉬운데 목사님은 성도님들과 부교역자들 사이에 거리감이 생기지 않도록 함께 식사하고, 등산을 하고, 운동을 하면서 친밀한 관계를 유지하려고 노력하셨습니다. 특별히 외롭고 힘든 상황 속에 있는 사람들을 마음에 품고 어떻게 하면 도와줄 수 있을까를 고민하시고 챙겨주시는 따뜻한 마음을 가지고 계셨습니다.

다른 사역자들과는 달리 미국에 아무 가족과 친척도 없는 사역자가 있었는데 그 사역자가 외로움을 느낄까 봐 직접 생일을 챙겨주기도 하고 사역자 아들의 돌잔치도 목사님 댁에서 열어주셨습니다. 힘든 사람들을 배려하며 챙겨주시는 목사님을 지켜보면서 사람을 향한 따뜻한 마음을 느낄 수 있었습니다.

그러면서도 목사님은 기존에 잘못된 것들을 바로 잡으려는 **개혁적인 마인드를 가진 분**이셨습니다.

저는 전도사로 사역하다가 뉴욕 지구촌교회에서 목사 안수를 받았는데 어느 날 김두화 목사님께서 먼저 이런 이야기를 하셨습니다.

"한국교회나 이민교회에서 목사 안수 받을 때 안수위원 목사님들께 돈 봉투를 건네는 문화가 있는데 이런 건 우리가 바꿔야지요. 오히려 목사 안수를 받는 분께 선물을 주며 축하를 해주어야지. 안수위원 목사님들께는 내가 잘 말씀드릴 테니 그런 것은 걱정하지 말아요. 그래도 감사한 마음을 표현하는 것은 좋은 것이니 넥타이를 선물로 준비해서 드리면 좋을 것 같아요."

결국 안수위원 목사님들께 넥타이를 전달하는 것으로 감사의 마음을 표현했습니다.

"이것은 한국교회의 문화니까", "많은 교회들이 그렇게 하니까"가 아니라 "이것이 성경적인가? 이것이 바른 것인가?"를 고민하며 실천하려는 목사님의 목회철학에서 나온 결정들이었습니다.

무엇보다 목사님은 교회를 사랑하시며 **선교를 최우선 순위에 두신 분**이셨습니다.

제가 뉴욕 지구촌교회에서 사역하던 기간은 교회적으로 많이 힘든 시간이었습니다. 그렇기 때문에 재정적으로 넉넉한 형편이 아니었습니다. 그럼에도 불구하고 사역자 모임에서 목사님께서 자주 사용하신 말씀은 "필요가 예산입니다"였습니다.

힘들다고 돈 때문에 위축되지 말고 사역의 필요와 비전을 먼저 생각하라는 것이었습니다. 부교역자로서 사역적 필요를 말씀드리면 최대한 아낌없이 지원해 주시려고 노력하셨습니다. 힘든 상황 속에서도 목사님은 어떻게 하면 교회를 건강하게 세울 수 있을 것인지에 대한 관심과 열정이 넘치셨습니다. 이것은 선교를 최우선에 두시는 목사님의 사역 철학과도 연결되었습니다.

교회 재정이 힘든 상황 속에서도 선교비를 우선적으로 지출하고, 선교사님이 방문하시면 꼭 식사 대접을 하며 선교비를 챙기셨습니다.

어떤 때는 교회 사역과 선교비 지출이 한꺼번에 몰려 사역자들의 사례비 지급할 금액이 모자랐습니다. 그때 부교역자들의 사례비를 먼저 챙겨주고 자신의 사례비는 몇 달씩 밀려서 나중에 받으시는 경우도 있으셨습니다. 본인의 손해를 감수하면서까지 교회의 사역과 선교사님을 먼저 챙기시는 모습에서 목사님이 교회를 얼마나 사랑하시며 선교를 중요하게 생각하시는지를 느낄 수 있었습니다.

그리고 목사님은 **참 진솔하신 분**이셨습니다.

목회자가 성도들에게 배신감을 느끼게 하고 세상으로부터 손가락질을 받는 가장 큰 이유는 겉과 속이 다른 위선적인 모습 때문이 아닐까 생각합니다.

김두화 목사님은 참으로 투명하고 솔직하셨습니다.

설교와 목회 칼럼 등을 통해 자신의 삶을 솔직하게 오픈하시고 어려우면 어렵다고, 힘들면 힘들다고, 외로우면 외롭다고 말씀하셨습니다.

이런 목사님의 솔직한 모습에 어떤 분들은 "리더로서 약한 모습은 감추고 의연한 모습을 보여야지"라고 말씀하셨지만 저는 목사님의 진솔하고 솔직하신 모습이 참 좋았습니다. 위장된 강함보다 솔직한 연약함이 하나님을 더욱 크게 드러내어 더 큰 울림과 감동을 주며 선한 영향력을 발휘한다고 생각합니다. 목사님의 투명하고 솔직한 모습은 저에게 좋은 영적 리더십의 본이 되었습니다.

목사님은 암 진단 후 투병을 시작하시면서 암 투병에 대한 걱정 된 마음을 솔직하게 고백하셨습니다. 힘든 암 투병을 하는 동안 너무 아파서 자신이 하나님의 영광을 가리는 말과 행동을 할까 봐 두렵다고, 앞으로 겪을 고통에 대한 두려움보다 하나님의 영광을 가릴까 봐 두렵다는 이 말씀을 들었을 때 마음이 숙연해졌습니다.

이런 거룩한 두려움이 있어서인지 목사님은 길고도 고통스러운 시간 동안 암 투병의 병상에서 하나님의 영광을 가리기는커녕 오히려 하나님의 영광을 드러내셨습니다.
암 수술을 마치고 몇 달이 지났을 때 목사님께서 "빨리 회복되어서 사역의 자리로 돌아가야 하는데… 이렇게 병원에 누워있으면 안 되는데… 이러면 교회에 덕이 안 되는데"라고 한숨을 쉬며 말씀하셨습니다.
실제로 목사님은 암 투병의 극한의 고통을 믿음으로 견디내며 병상 위에서 하나님께 영광을 돌리고, 사역을 하셨습니다. 병문안을 갈 때마다 고통 중에서도 따뜻하게 맞아주시고 주사를 놓으러 온 간호사에게 농담을 하시던 목사님의 모습이 지금도 눈에 선합니다. 목사님을 위로하러 갔다가 오히려 은혜를 받고 돌아올 때가 많았습니다.

하지만 시간이 지날수록 육체적 고통은 목사님을 더욱 괴롭혔습니다.

암 투병의 통증으로 인해 목사님은 점점 기력을 잃어가셨습니다. 그렇게 참기 힘든 고통을 견디던 어느 날 "요즘 붙들고 깊이 묵상하는 말씀이 있다"라며 그 이야기를 나눠주셨습니다.

그 말씀은 성경에서 가장 유명한 장으로 알려진 시편 23편이었습니다.

목사님은 이렇게 말씀하셨습니다.

"여호와는 나의 목자시니 내게 부족함이 없으리로다.

예전에는 이 말씀에서 '내게 부족함이 없으리로다'가 그렇게 좋았는데 요즘에는 그 앞에 있는 '여호와는 나의 목자시니'라는 말씀이 그렇게 좋을 수가 없어.

여호와는 나의 목자시니… 여호와는 나의 목자시니…

그거면 됐어. 난 그걸로 만족해."

주님이 목자시라면 그것 하나로 됐다는, 그것 하나로 만족하다는 목사님의 고백에서 얼마나 주님을 의지하고 믿음으로 붙들고 있는지 느낄 수 있었습니다.

그리고 목사님께서는 **복음의 말씀으로 낳은 영적인 자녀들이 참으로 많은 분**이셨습니다.

한 번은 목사님께 이렇게 말씀드린 적이 있습니다.

"목사님은 많은 자녀가 있으십니다. 선교의 현장에서 복음으로 낳은 자녀가 얼마나 많고, 지구촌교회 사역의 현장에서 말씀으로 낳고 기른 영적인 자녀들이 얼마나 많으십니까?"

소천하셨다는 소식을 듣고 각처에서 병상과 장례식장으로 달려와 슬픔을 함께한 분들을 바라보며 그 사실을 직접 눈으로 확인할 수 있었습니다. 쑥스러운 마음에 그때는 마음속으로만 품고 미처 입술로 고백하지 못했는데 지금 이 지면을 통해 글로써 고백합니다.

"목사님은 제게 영적인 아버지십니다."

세상의 눈으로 보면 김두화 목사님은 **참 바보처럼 사신 분** 같습니다.

자기 것을 챙기기보다 아낌없이 주는 나무처럼 아낌없이 자신을 희생하면서 사람과 교회를 사랑했으니까요. 저는 그런 바보 같은 목사님을 존경합니다.

저는 그런 바보스러움을 닮고 싶습니다.

어느 토요일, 사역자 모임을 마치고 목사님께서 좋아하시던 우동집에서 따뜻한 우동을 먹으며 즐거운 시간을 보냈던 때가 생각납니다. 오늘따라 따뜻한 우동 한 그릇을 먹으며 목사님과 이런저런 이야기들을 나누고 싶습니다.

목사님, 사랑합니다.

목사님, 보고 싶습니다.

2
사랑하고 존경했던 김두화 목사님을 기억하며
태국 치앙마이에서 그레이스 홈을 섬기는 권삼승, 서양숙 선교사

"권 목사님, 지금 가진 학위로 선교지에서 못할 일이 뭐예요? 미국에서 공부하여 박사 학위 받고 나면 선교지에 못 갑니다. 교수나 하지 절대로 선교지에 못 갑니다. 하나님이 원하시면 선교지에서도 공부도 시켜줄 것입니다. 사실 저는 지금이라도 선교사로 나가고 싶습니다."

지구촌교회 창립 8주년을 축하하기 위해 미국에서 오신 김두화 목사님께서 우리를 만나자고 하셨습니다. 5월의 어느 아침, 함께 식사를 하면서 미국으로 유학을 가려고 하는 우리에게 목사님께서 하신 말씀입니다. 그 말씀을 들은 저와 아내는 하나님의 음성이라고 믿으며 기도하면서 선교지로 가기로 결정하였고 순적하게 인도되어 선교사 훈련을 받고 지금까지 태국 치앙마이에서 사역 중입니다.

김두화 목사님을 구체적으로 알게 된 것은 지구촌교회에서였습니다. 당시 선교 단체에서 사역하다가 쉬며 아내가 교회에서 사역하고 있었기에 같이 출석하고 있었습

니다.

그러던 어느 날 장로님께서 라오스 선교를 위해 만든 선교 단체를 이동원 목사님과 김두화 목사님에게 위임하여 김두화 목사님과 같이 선교 단체를 맡게 되었습니다. 당시 목사님은 선교 목사와 수석 목사로 설교를 하셨지만 선교 단체의 사역은 과외의 일이었습니다.

새로 시작된 라오스 선교를 위하여 1996년 5월 1주일간 라오스 정탐과 싱가포르의 목장 교회 탐방을 하면서 목사님을 경험할 수 있는 귀한 시간을 가졌습니다.

김 목사님은 선교에 대한 열정의 사람이었습니다. 선교에 대한 열정은 타의 추종을 불허하였습니다. 목사님은 누구보다 선교사를 귀하게 여겼고 하나님의 지상명령을 성취하여야 한다는 것을 늘 가슴에 품고 있었습니다. 라오스 정탐을 위하여 방콕에 들렀을 때도 선교사님들을 귀찮게 하지 말아야 한다며 연락을 하지 않았습니다.

누구보다 선교사들에게 신세를 지는 것을 원하지 않았고 오히려 대접하지 못해서 미안해하셨습니다. 라오스의 남부 지역인 팍세와 수도인 위엥짠을 정탐하면서도 가능하면 현지 음식을 먹으려 하셨고 일상에서 만나는 현지인들을 존중하는 모습은 선교사로 나가기 전 제 마음 깊숙한 곳에 커다랗게 각인되었습니다.

라오스를 거처 싱가포르에 들렀을 때도 목사님은 70년대에 오엠 선교사로 일본이나 대만의 가가호호를 방문하며 전도하셨다며 그 시절을 회상하셨습니다. 선교 단체 사역은 2년 정도 지속되다가 함께 그만두었습니다. 그 후 목사님은 미국으로 가서 교회를 개척하셨고 저는 선교 훈련을 받고 치앙마이에서 사역을 하였습니다.

목사님은 목장교회를 통해 우리를 위해 기도하시며 적극적으로 도와주셨습니다. 우리가 선교지에서 사역한지 10년째에 시애틀에서 안식년을 하게 되었을 때 목사님은 우리를 뉴저지로 초청하셨습니다. 2주 동안 목사님과 지내며 목사님을 더욱 경험하는 귀한 시간이었습니다.

부족한 선교사임에도 목사님과 사모님은 우리를 정말 귀하게 보시고 정성을 다해 대접해 주셨습니다. 독립 기념일에 목사님과 함께 허드슨 강변에서 뉴욕을 바라보며 목사님은 다민족 교회의 꿈을 나눠주셨습니다. 당시 미국에서 부목으로 섬기고 있던 형제는 목사님과 만난 후 도전을 받아 지금까지 선교사로 살고 있습니다.

그 후에도 계속적으로 소식이 오고가던 어느 날 목사님이 병상에 누워계신다는 소식을 들었습니다. 마침 아들이 칼빈에 들어가게 되어 입학식에 가는 길에 우리는 큰마음을 먹고 목사님을 방문하기로 하였습니다. 목사님은 멀리서 찾아오는 것이 부담이 되어서인지 오지말라고 하셨습니다. 우리 가족과 목사님이 도전하여 선교사로 나간 가족이 함께 목사님의 병원을 찾았습니다. 목사님은 우리가 방문해도 10분도 같이 이야기할 수 없다며 정중하게 거절하셨지만 다행히도 그 카톡은 우리가 병원에 도착하고 난 후에야 보게 되었습니다.

목사님은 우리를 보고 기운이 나셨는지 50분을 이야기하셨습니다. 그리고 하나님이 허락하신다면 선교지에 가고 싶다는 소망을 피력하셨습니다. 우리는 목사님이 속히 나으셔서 선교지를 다니며 선교사들을 격려하기를 원하는 마음으로 진심으로 기도했고 목사님은 우리들 한 사람 한 사람을 위하여 기도해 주셨습니다.

목사님을 돕기 원하는 지인들의 헌금을 전해드렸더니 "선교사의 도움은 절대로 받을 수 없다"라며 끝내 거절하셨습니다. 생애의 마지막 순간까지도 선교사들에 대한 마음을 보는 것 같아 마음이 아팠습니다.

2주 후에 다시 목사님을 찾아뵈었을 때는 처음 뵈었을 때보다 몸이 더 안 좋아 보였습니다.

그 후 3개월이 지났을 무렵 아직은 젊은 김두화 목사님이 소천하셨다는 소식을 들었습니다. 선교지에 있어서 가볍지는 못했지만 우리는 내내 기도하며 함께하였습니다.

평생 선교에 대한 열정을 가지고 사셨던 목사님, 만나는 사람들에게 하나님 나라의 건설을 위해 헌신할 것을 도전하시며 선교사들을 왕처럼 대접하기를 원하셨던 목사님, 선교사들을 더 많이 돕지 못해 미안해하셨던 목사님, 제게 목사님은 늘 넉넉하셨던 큰 형님이셨습니다.

3
힘들 때마다 격려를 아끼지 않았던 목사님…
윤효순 전도사

고 김두화 목사님은 제 믿음의 여정에 가장 많은 영향력을 끼쳐주신 분입니다. 믿음이 연약한 제가 믿음이 없는 남편 때문에 힘들어할 때마다 "모든 것을 양보하되 믿음만큼은 양보하면 안 돼!"라고 하신 그 말씀 때문에 오늘의 제가 있습니다. 고난이 지날 때는 정말 견디기 힘들었으나 제겐 믿음을 지키고 믿음을 키우는 유익이 되었습니다.

남편과 헤어지던 해에 홀로서기를 위해 미국에 온 지 20년, 아이 둘을 대학에 보낸 후 하나님은 제게 조그만 pick-up stor(기계 없는 세탁소)를 주셨습니다.

어느 날 가게를 방문하신 선배님의 "하나님은 준비된 자를 쓰신다"라는 권유의 말씀에 장로교 신학교에 입학했습니다. 낮에는 일하고 밤에는 학교에 가서 공부를 하였습니다. 교회에서는 목사님으로부터 성경공부와 제자 훈련, 중보기도, 선교에 대한 말씀을 배우고 신학교 졸업하고 평신도로 섬겼습니다.

그 후 전도사로 임명을 받고 하나님께서 저에게 맡겨주신 새 교우 영접 사역과 시니어 보람학교 사역 그리고 뉴저지 어머니학교 사역을 담당하게 하셨습니다.

목사님은 가정사역의 하나로 이미 아버지학교를 미동부 지역에 시작하기 위해서 남 성도들을 LA 지역 아버지학교에 참석케 하셨고, 제1기 동부 아버지학교를 시작하셨습니다.

이제 우리 지구촌교회 주최로 뉴저지 어머니학교 제1기도 한국 온누리 교회에서 자비량 섬김으로 오신 분들의 수고로 개최되었습니다.

목사님의 적극적인 권유로 저를 포함해 우리 교회의 거의 모든 성도들이 참석하여 어머니, 아내, 자녀들의 역할과 사명, 책임을 다짐하는 시간들을 가졌습니다. 그러나 영육간에 너무나 메말라 있던 저에게는 특별한 감동 없이 어머니학교는 끝났습니다.

그렇게 어머니학교 1기가 끝난 후 팀에서 연락이 오기 시작했습니다. 어머니학교 2기를 함께 준비하자고. 부엌팀을 시작으로 테이블 리더로 각 팀장으로 섬기면서 가게

문에는 휴가 사인을 붙여놓고 2박 3일 아웃리치도 다녀왔습니다.

하나님은 그렇게 저를 훈련시켜 가셨습니다.

현재는 뉴저지 지역 총무로 21기 어머니학교를 잘 마치고 22기를 준비 중에 있습니다. 뒤돌아보니 십여 년 이러한 과정을 거치며 리더로서의 자질을 키워주셨던 것 같습니다.

가게 주인의 횡포로 가게를 시작한 지 딱 10년 만에 별안간 가게 문을 닫게 되었습니다. 마음은 너무나 홀가분했습니다.

어느 2월의 토요일 새벽 예배 후 친교를 나누며 목사님은 어느 은퇴하신 목사님께 지금은 쉬고 있는 보람학교 사역을 맡아서 3월부터 계속해 주시기를 부탁하셨습니다. 그 목사님은 이제 연로하셔서 맡아 하지는 못하지만 뒤에서 돕겠다고 하셨고, 그때 저는 누가 시킨 것처럼 "제가 하겠습니다"라고 말씀드렸습니다. 후에 생각해 보니 모든 것이 하나님의 계획 속에 있었던 일이었음을 깨닫게 되었습니다.

김두화 목사님이 생전에 다 이루지 못한 전도와 선교의 사명을 감당하는 교회로 부흥을 꿈꾸며 모든 성도들이 합심하여 기도하고 있습니다.

4
내가 만난 김두화 목사님
민태익 선교사

우리가 세상을 살아가면서 많은 사람들을 만나며 관계를 맺고 사는데, 한국 노래 중에 "우리의 만남은 우연이 아니야"라고 한 것처럼 하나님의 섭리 가운데 맺어지는 인연은 필연입니다.

김두화 목사님을 처음 만난 것은 1994년 경기도 분당 지구촌교회(이동원 목사 개척)의 수석 부목사로 사역을 하실 때였습니다. 이동원 목사님이 소개를 하면서 둘로스호 선교선에서 세계 일주를 하며 선교사로 사역을 하였으며 복음의 열정이 대단하다는 이야기를 들려주었습니다.

대덕에 위치한 기업 연구소 소장으로 5년간 계약을 마치고 펜실바니아주 베들레헴시에 위치한 Lehigh University의 연구 교수로 돌아왔는데, 김두화 목사님이 뉴저지에서 지구촌교회를 개척하셨다는 소식을 들었습니다. 고속도로를 타고 편도로 한 시간 반을 운전하는 거리였지만 김두화 목사님 교회에 출석하기로 아내와 결정을 하고 교회 예배에 갔습니다.

"무엇을 도와드리면 좋을까요?"라고 묻자, 장거리 운전으로 일찍 도착하니 교회의 입구에서 교인들의 영접과 안내를 맡고, 교회 예배와 모든 행사를 마치면 집으로 돌아가지 전에 화장실 청소를 담당했으면 좋겠다고 하셨습니다. 당시 미국 교회의 예배당을 빌려 사용했기에 청소를 깨끗이 하는 것이 필요하다고 이야기를 하시어, 섬기는 마음으로 즐겁게 담당을 하기로 하고 매주일 청소를 했습니다. 그런데 얼마 후 제가 나이도 제일 많고 장로 직분으로 섬기므로 청년들이 와서 청소 도구를 빼앗아 저는 구경만 하였습니다.

교회의 이름은 한국어로는 뉴저지 지구촌교회인데 영어로는 GCC of Great NY(Global Community Church of Great NY)였습니다. 저는 뉴저지에 위치한 교회 이름을 왜 Great NY로 부르느냐고 물어보았더니, 강 건너 뉴욕시에 많은 여러 나라로부터 온 외국인들을 대상으로 다문화선교를 목표로 한다고 설명하시어 큰 비전에 마음에 큰 감동을 받았습니다. 뉴욕시에서 직장을 가진 청년들이 교회에 출석을 하고 있어서 김 목사님과 심방을 가기도 하였으며, 김 목사님은 영혼 구원에 열정을 가지고 사역을 하여 여러 개의 목장(Cell)으로 나누어서 한 목장을 즐겁게 섬기며 장거리 운전에 피곤도 느끼지 못하고, 목사님을 섬기며 즐겁게 다녔습니다.

1년 가까이 교회를 섬기던 중에 하나님의 부르심을 받

아 중국 연변과학기술대학교(YUST)의 교수 및 미국 남침례회 해외선교부(IMB)의 캠퍼스 선교사로 파송을 받게 되었습니다.

이 소식을 담임목사님과 교회 앞에 알려야 하는데, 20여 명의 교인으로 구성된 개척교회 초기에 교회를 떠나야 한다는 이야기하기가 너무 민망스러워서 김 목사님 부부를 식당으로 초청하여 선교지로 떠날 계획을 이야기를 하면서 목사님에게 매우 송구스럽다는 이야기를 했습니다. 그러자 김 목사님은 "의외로 교회의 제1호 선교사를 파송하게 되었다"라며 매우 기뻐하셨습니다.

교인도 많지 않고 이제 개척했는데 선교사로 떠나야 됨을 말씀 드리기가 굉장히 힘들었으나 목사님께서 오히려 큰 격려와 축복을 해주셔서 감사했습니다.

저희가 중국 연변에 있는 연변 과학기술대학(YUST) 학생들에게 열심히 학문을 가르치며 복음을 전하던 2002년 여름에 김 목사님 부부와 교인 10여 명이 단기 선교로 YUST를 방문하셨습니다. 마침 침례를 받을 36명의 중국 조선족 대학생들을 김 목사님이 해란강에서 침례식을 거행하였는데, 안내를 하던 현지인 조선족 청년이 처음 보는 일로 중국 공안에 신고(고발)를 하려고 마음을 먹었다는 고백을 나중에 들었습니다.

그런데 선교 팀원 중에 예쁜 여학생(목사님 처가 조카딸)을 짝사랑하여 공안에 고발을 포기했다는 이야기를 들었을 때 학생들의 침례를 위해 열심히 기도하였기에 성령님께서 역사하셨다는 생각을 하며 하나님께 감사하였습니다.

기도의 종 하나님의 귀한 사역을 헌신적으로 준행하시든 김 목사님!! 귀한 부르심으로 GCC of Great NY의 교회를 개척하셨던 김 목사님의 의지와 교회의 초기 영혼구원 전도와 선교 전략이 계속 이루어지기를 간절히 기도합니다.

5
성도의 삶속에 일일이 함께하셨던 그분
장순복 권사

저는 지구촌교회를 섬기고 있는 장순복 권사입니다.

존경하고 사랑하는 김두화 목사님을 회고할 수 있도록 인도하신 하나님께 감사드립니다. 제가 가까이서 뵈었던 김두화 목사님은 존경받을만한 지성과 인품을 갖고 계셨고 성품 또한 온유하심으로 늘 성도들 곁에 계셨습니다. 한 쪽으로 치우침이 없이 시정 보충해야 할 사역들을 위해 설문 조사를 할 때면 목사님의 설교 말씀이 늘 1위였습니다.

단계별 성경공부와 제자훈련을 통해서 온 마음을 다해 예수 그리스도의 복음과 성도의 사명을 열정적으로 깨우쳐 주셨습니다. 목사님께서는 받으신 선교의 비전을 교회를 통해 이루시고자 선교사를 파송하시고 지원을 아끼지 않으셨습니다.

교회 안에는 목사님의 사역에 헌신적으로 동역한 성실한 믿음의 젊은이들이 많았습니다. 이젠 그들이 중년이 되어 목사님께서 사역하시던 영성으로 한국과 미국에서 선한 영향력으로 사명을 감당하고 있을 것이라고 믿습니다.
목장에서 목사님과 사모님과 함께 목장 식구들을 섬기는 일은 저에게는 최고의 기쁨이었고 보람이었습니다. 두 분의 목자들을 섬기시는 모습은 늘 감동으로 다가와 섬김을 배우게 되었고 권사 직분을 받은 저에게 하나님께서는 목회실을 섬기는 귀한 선물을 주셨습니다. 구원의 은혜를 매일매일 감사하며 섬기는 귀한 직분이었습니다.

주일 예배 시간 전에 목사님과 부목사님 대표 기도자와 방문하시는 분들을 섬길 수 있는 귀한 은사를 주셨습니다. 또한 전공자도 아닌 저를 피아노 반주자로 세우시고 용기내서 할 수 있도록 격려해 주신 것을 아직도 잊지 못합니다.
언젠가 주기도문 찬양을 연습할 때에는 바쁘신 일정 속에서도 시간을 내어 맞춰 주시던 자상한 목사님…. 그리움에 눈시울이 뜨거워 집니다.

가난한 자, 소외된 자, 병든 자를 찾아오신 예수님처럼
온 성도들의 삶 속에 일일이 함께하셨던 목사님!

감사합니다. 사랑합니다.

6

힘들고 지칠 때 가장 가고 싶은 곳

신대자

20년 전쯤 제 딸아이가 미국에서 공부할 때입니다.

병이 났는데 혼자서 어찌할 수가 없을 때 마침 교회 언
니가 뉴욕 쪽으로 간다기에 그차에 편승해서 무작정 목사
님댁으로 갔답니다.

꽤 먼 거리여서 8시간쯤 걸려 도착했는데 남의 집 2층에
방 2개짜리 집이었다고 합니다. 목사님 딸 하영의 방을 차
지하고 열흘 넘게 지냈는데 병든 새가 쉴 둥지를 찾아 들
듯이 목사님과 사모님의 정성스러운 손길과 기도로 건강
을 되찾아서 공부하던 피츠버그로 돌아갔다고 합니다.

힘들고 지칠 때 가장 먼저 생각나고 가고 싶은 곳이 목
사님 댁이었답니다.

거기서는 무엇이든 다 털어놔도 어떤 모습을 보여도 부
끄럽지 않은 곳이었답니다.

딸은 덕분에 학업을 다 마치고 한국에 돌아와 지금은 자
기 일을 잘 하고 있습니다.

또 이런 일도 있었습니다.

목사님 내외분이 중국으로 선교 활동을 떠나시고 어린 하영이와 집을 볼 때 선교사 2분과 사모님, 모두 4명이 오셨습니다.

그날 저녁에 목사님 내외분이 중국 선교를 끝내시고 오시는데, 집이 좁아서 잠자리가 걱정이 됐습니다.

마침, 소식을 듣고 어느 권사님이 당신 집으로 그분들을 초청해 주셨습니다. 참 고마운 분이라 생각했습니다.

아마 그 선교사님들도 미국에서는 김두화 목사님 댁이 제일 편하게 느끼셨나봅니다.

제 딸처럼 말입니다.

7
예수님의 마음을 가지고 목회하십시오!
뉴저지 등대침례교회를 김화용 목사

1991년 봄부터 텍사스의 포트워스에 위치한 Southwestern Baptist Theological Seminary(서남 침례신학교)에서 김두화 목사님과 함께 공부를 시작하였습니다.

저는 1991년 9월에 Duncanville, TX에서 던켄빌 제일 한인 침례교회를 개척하면서 목사 안수를 받게 되었을 때의 일이 기억납니다.

목사님들과 집사님들의 안수가 마친 후 한 분 한 분 인사하면서 덕담을 하셨습니다. 거의 50명의 목사님들과 집사님들께서 덕담을 해주셨는데 김두화 목사님께서 하신 말씀만 기억하고 있습니다.

"예수님의 마음을 가지고 목회하십시오!"

그 말씀이 저의 목회에 큰 길잡이가 되었습니다.

그리고 1996년부터 북부 뉴저지로 와서 김두화 목사님께서도 개척하셨고 저도 개척을 하면서 같은 지역에서 복음을 전하며 교회를 세워나가면서 같은 지방회를 섬기면서 제가 옆에서 느낀 점은 김두화 목사님께서는 늘 선교와 영혼 구원에 열정이 있으신 분이셨고 따뜻한 분이셨습니다. 제가 기억하기는 교회 재정이 힘들어도 먼저 선교사님들의 귀한 사역을 돕는 일을 하였습니다.

25년 전 안수받는 저에게 주셨던 "예수님의 마음을 품고 목회하십시오"라는 말씀처럼 김두화 목사님께서는 섬기셨던 교회에 힘든 일이 있었을 때에 "예수님의 마음으로" 임하셨음을 느낄 수 있었습니다.

목회자들과 만나 교제할 때마다 서로를 아끼고, 존중하고, 복음과 영혼 구원에 열정이 있으셨고, 남침례교단에 자부심이 있으셨던 우리의 복음의 동역자이셨던 김두화 목사님이 그립습니다.

웃으시던 모습이 그립습니다.

주님의 마음을 닮으신 김두화 목사님이 그립습니다.

그리스도 안에서 복음의 동역자인
고 김두화 목사님을 기억하면서….

8
첫 만남 후, 제 삶에 큰 영향을 주셨습니다

고윤경 자매

"윤경 자매, 잘 지내지?"

지금도 가끔 제 귀에 들리는 듯한 목사님의 다정한 음성이 그립습니다.

김두화 목사님을 처음 뵈었을 때를 지금도 어제 일처럼 기억합니다. 마치 밝은 빛을 몰고 오신 것처럼 환한 미소를 지으셨던 목사님을 저는 1983년 워싱턴 제일 한인 침례교회 대학부에서 처음 뵈었습니다.

대학부와 어린이 주일학교의 담당 사역자로 오셨던 목사님과의 첫 만남을 시작으로, 목사님께서는 제 삶의 모든 영역에 큰 영향을 주셨습니다.

목사님은 저에게 그리스도의 복음에 대한 열정이 무엇인지, 잃어버린 영혼들을 향한 아버지 하나님의 애타는 마음을 닮은 마음이 어떤 것인지, 매일의 삶에서 성경 말씀을 구체적으로 적용하며 사는 주님의 제자로서의 삶의 모습은 어떠한 지를 보여주셨던 영적 리더였습니다.

그뿐만 아니라 제 삶의 굽이마다 함께 계셔서 제가 기뻤던, 힘들었던, 좌절했던 시간들, 그리고 주님의 인도하심을 구했던 시절들을 지나는 동안 저를 위해 기도해 주시고 주님의 사랑으로 함께해 주셨습니다.

김두화 목사님께서는 저와 저희 대학부에 함께 있었던 형제자매들에게 항상 환한 미소로 대하셨습니다.

목사님의 미소를 생각하면 지금도 목사님의 사랑과 격려가 온몸 가득 느껴집니다. 그렇지만 목사님께서 그리스도의 복음을 저희들에게 전하실 때에는, 애타는 마음으로 하나님 아버지의 우리에 대한 사랑, 우리의 죄, 예수 그리스도의 보혈과 십자가, 그리스도의 부활의 복음을 진지하고 열정적으로 전하셨습니다.

예수님을 구주와 주님으로 영접한 저희들에게, 그리스도의 복음을 언제 어디서나 전하는 것이 그리스도의 제자로서의 삶에 있어서 필수이며, 또한 예수님을 알지 못하는 사람들에게 너무 절실한 것임을 알게 해주셨습니다.

일대일 개인 복음 전도를 어떻게 해야 하는지 너무 어려웠던 저희들에게 Four Spiritual Laws, Wordless Book, Evangelism Explosion 전도 방법들을 가르쳐 주셨고 훈련시키셨습니다. 특히 Wordless Book은 그때 어린이 주일학교 사역으로 섬기고 있던 저에게는 너무 필수적이었던 일대일 어린이 전도 방법이었습니다. 목사님이 아니었다면 저는 아마도 어떻게 어린이들에게 그들이 이해할 수 있는 구체적인 방법으로 복음을 전할 수 있는지 알 수 없었을 것입니다.

그뿐만 아니라, 목사님께서는 CEF(Child Evangelism Fellowship)의 간사님들을 초빙하셔서, 저와 주일학교 선생님들이 언제 어디서나 어린이들에게 주님의 말씀을 전할 수 있도록 그분들께 훈련받게 해주셨습니다.

지금도 항상 지니고 다니는 Wordless Book을 볼 때마다, 그리고 CEF G.O.S.P.E.L.을 통해 어린이들에게 성경 말씀을 들려줄 때마다 김두화 목사님을 그리워하며 목사님을 알게 해주신 주님께 감사드립니다.

또한 저는 김두화 목사님의 잃어버린 영혼들에 대한 사랑과 애타는 마음을 통해 하나님 아버지의 마음을 보았습니다.

제가 동참했던 MET 84 단기 선교 여행에서 목사님은 복음을 한 번도 들어보지 못했던 스리랑카의 중학생들을 위한 집회를 앞두고 저희 멤버들과 밤이 깊어 가도록 눈물로 기도하셨습니다. 그리고 예수님을 구주와 주님으로 영접한 어린 학생들을 위해 열정과 사랑으로 기도하셨습니다.

그 기도 후에 목사님 얼굴에 가득했던 환한 미소를 보며, 저는 잃어버렸던 영혼이 돌아와 기뻐하시는 아버지 하나님의 미소를 보았습니다. 그리고 저도 목사님처럼, 아버지 하나님의 마음을, 눈을, 손길을 제 삶에서 어린이들을 향해 가질 수 있도록 주님께 헌신하며 기도하는 시간을 갖게 되었습니다.

목사님께서는 저와 저희 대학부 친구들이 예수님을 믿고 주안에서 새로 거듭나는 것에서 멈추지 않고 주님 안에서 영적으로 성장하도록 저희들에게 지속적인 제자 훈련을 해주셨습니다.

주님과의 Quiet Time 그리고 주님께서 Q.T.마다 주시는 말씀을 구체적으로 저의 삶에 적용함을 목사님과의 제자 훈련을 통해 배우고, 이 훈련은 저의 대학 이후의 삶에 있어서 가장 중요한 부분이 되었습니다. 저의 삶 가운데 있는 주님과의 매 순간의 대화, 주님께 저의 잘못을 자백함, 그리고 매 순간의 주님의 무조건적 사랑을 경험함은 목사님을 통해 받았던 제자훈련이 있었기에 가능했습니다.

목사님은 또한 저의 삶의 모든 중요한 시간에 늘 함께해주셨습니다. 특히, 15주나 일찍 미숙아로 태어난 막내를 위해 끊임없는 중보기도를 주님께 드려 주셨고, 지리적으로 멀리 계셨었음도 저에게 자주 전화로 격려와 사랑의 말씀을 해주셨습니다.

또한 제가 40대 초반에 경험하게 되었던 제 삶에서 가장 낮은 곳에 있을 때, 목사님께서는 사모님과 함께 넘어져서 상처투성이었던 제 마음을 큰 사랑과 위로 또 주안에서의 평안으로 넘치게 채워주셨습니다.

"윤경 자매, 다 괜찮아. 주님께서 다 아셔. 모두 괜찮아질거야. 주님이 자매를 너무 사랑하셔"라고 말씀하시던 목사님의 음성이 지금도 귓가에 잔잔하게 들려오곤 합니다.

목사님의 투병 소식을 들었을 때 빨리 가서 뵙지 못하고 투병 중 고통으로 힘 가쁘셨던 목사님과 전화로 대화만 나누었던 것이 지금도 너무 마음이 아픕니다. 그러나 항상 그러셨듯이 그때에도, 그 고통 중에도 주님의 기쁨, 사랑, 평안으로 가득한 목사님의 음성을 저는 들었고, 목사님과 마지막 전화 통화를 하는 동안 저의 마음 또한 주의 평안과 사랑으로 가득하게 되었습니다.

지금은 주님 곁에서, 먼저 하늘나라로 가신 저희들이 사랑하는 모든 분들과 함께 기쁨으로 주님께 찬양과 경배를 드리고 계실 김두화 목사님을 마음에 그려봅니다. 그리고 말씀드립니다. 목사님, 뵙고 싶습니다.

주님, 저의 삶에 김두화 목사님을 보내주셔서 너무 너무 감사합니다.

9
우리에게 선교 사명을 감당하도록 응원하심
지구촌 교회 윤채병 장로

지난 34년 전, 출석 교인으로 한국에서 신앙생활 중 미국으로 이민 온 다음 날 지구촌 교회 등록 교인이 되어 난생 처음 성경공부를 시작하였습니다.

새 생명의 삶을 신앙의 기본 핵심으로 배웠고, 삶의 주인으로 예수님을 영접할 때까지 기다려 주심을 깨닫게 되었습니다.

김두화 목사님과 메릴랜드에서 뉴저지까지 오던 중 초행자에게 선득 운전 키를 맡기시고 중간 펜실베니아와 뉴저지 갈림길에서 왼쪽은 잘못 가는 길이고 오른쪽으로 가야 목적지에 도달할 수 있다고 말하며, 지옥과 천국의 갈림길을 비유해 주셨습니다. 지금도 그 길을 지날 때마다 내가 신앙생활을 바로 하고 있는지 되돌아보며 김 목사님을 회상하게 됩니다.

부모님으로부터 소외되고 어려운 어린 시절을 아들로 여기시고 돌보신 Ms. 피어슨 선교사님…. 주님의 사역을

위해 목사님과 끝까지 함께 돕기를 당부하셨던 선교사님
의 사랑이 진한 감동으로 지금도 우리 마음속에 남아있습
니다. 목사님은 항상 단정하고 남을 더 배려하고 귀하게
여기시며 말씀 안에서 사역을 감당하셨습니다. 주님이 주
신 선교의 비전을 제시하시고 이미 경험하신 선교 사역으
로 1984년 미국 한인교회 최초로 단기선교가 시작되었습
니다.

항상 맨해튼을 바라보며 저곳이 우리의 선교지라고 하
시며 미국을 방문하시는 분들을 강 건너 언덕으로 안내해
주셨습니다. 가나안 땅을 앞에 두고 요단강을 건너지 못한
모세처럼 허드슨강 건너에 있는 선교지를 남아있는 우리
에게 맡기시고 천국에서 중보 기도하시며 우리에게 선교
사명을 감당하도록 응원하고 계심을 믿습니다.

특별히 김두화 목사를 기억하며

1

나다나엘을 닮은 목회자, 김두화 목사

김형준 목사

김두화 목사님을 생각하면 조금도 주저함 없이 예수님의 12제자 중 나다나엘이 떠오릅니다. 오랫동안 만나지 못했지만 목사님의 인품에서 풍겨오는 모습과 김 목사님을 만났던 여러분들의 공통적인 이야기를 모아보면 나다나엘과 같은 분입니다.(요한복음 1:43-51)

첫째 하나님 나라를 사모하며 기다린 사람이었습니다.

목사님의 삶과 설교 속에서 다양한 주제의 핵심은 바로 하나님 나라였습니다.

즉 하나님이 통치하시는 나라에 대한 갈망이 간절했습니다.

마치 나다나엘이 무화과나무 아래에서 성경을 읽으며 메시아를 기다리고 사모했던 것처럼 그도 하나님의 약속이 이루어지기를 기다렸던 사람입니다.

그의 삶 자체가 행복했던 것은 아니었습니다. 아픔과 상실이 무엇인지 그리고 외로움이 무엇인지를 철저하게 경험했던 삶이었기에 그의 소망은 바로 하나님의 구원과 통치하심이었습니다.

그래서 그의 신앙은 복음적이면서도 통전적이었습니다. 그 이유는 고난과 시련 속에 진정으로 사모할 분은 하나님이심을 삶을 통해 체득했기 때문입니다.

그래서 철저하게 하나님의 인도하심과 보호하심과 공급하심을 의지했던 다윗처럼 하나님을 의지하며 믿음으로 살아내었습니다.

그의 삶을 이끄신 분도 하나님이심을 믿었고 자기의 삶이 하나님께 있음을 믿으며 진정으로 그리스도인으로 사셨습니다.

두 번째로 자신이 가진 편견을 극복한 사람이었습니다.

목사님이 사람을 대하는 자세는 바로 사랑이었습니다. 이 사랑으로 인해 처음 만나는 사람이든 오래 만나왔던 사람이든, 그리스도인이든, 비 그리스도인이든 차별 없이 사랑했습니다. 자기가 가진 아픔과 상처로 세상을 보지 않고 하나님의 뜻을 이루기 위한 마음을 가지고 자신에게 주어진 사명의 길을 쫓아나갔던 사람입니다. 한국에서도 이동원 목사님과 동역하며 세상을 변화시키고 사람을 치유하는 비전과 사명을 가지고 열심히 사셨습니다.

저는 김 목사님을 비난하거나 그의 행위를 비판하는 사람을 보지 못했습니다.

사람이 완벽할 수는 없지만 그렇게 많은 사람들에게 사랑을 받을 수 있었던 것은 바로 사랑으로 많은 사람을 품었기 때문입니다.

그리고 미국에서 사역을 할 때에도 도움이 필요한 사람이면 누구든지 함께하며 자신의 삶의 모든 것을 나누며 돕고 사랑했습니다. 모르긴 해도 그의 병은 건강을 돌보지 않고 이민 생활에서 지치고 힘들어 하는 사람들을 돕고 함께하면서 얻게 된 병이라고 생각됩니다.

뉴저지 지구촌교회를 출석했던 청년들이 목사님의 건강과 섬김의 열심을 오히려 걱정했을 정도였습니다. 자기의 한계를 넘어서서 사랑할 수 있었던 것은 바로 주님의 사랑이었습니다. 자신이 받은 주님의 사랑이, 바로 사랑받을수 없는 자신이 받은 것이, 은혜였음을 알았기 때문입니다.

저와 처음 만났을 때에도 아주 오래전부터 알아오던 사람처럼 친절하고 사랑으로 대해주셨습니다. 무엇인가 끌어당기는 힘을 가진 분이셨습니다. 그 사랑의 폭과 깊이와 넓이와 높이는 바로 자신이 받은 하나님의 사랑에 응답하는 삶을 살았기 때문입니다.

자신이 받은 상처의 눈으로 세상을 보지 않고 하나님께서 주신 사랑의 관점으로 바라본 그의 모습이 바로 편견과 격차를 뛰어넘어 사랑으로 살며 섬길 수 있었습니다.

세 번째로 김 목사님은 선교의 사람이었습니다.

자신이 받은 이 복음이 자신만의 것이 아니라 정말 구원을 갈망하고 필요한 모든 사람에게 증거하고 전하기 위한 열정을 갖고 있었습니다.

그래서 그는 일찍 복음을 전하는 둘로스 배에 승선해서 전 세계를 다니면서 복음을 전하는 일에 전념하였습니다.

뉴저지 지구촌교회를 담임할 때에는 선교사들의 오면 그 주일의 헌금을 모두 드려서 교회가 운영하는 예산 때문에 많은 어려움을 겪었다는 이야기를 들었습니다. 자신이 겪고 경험했던 사역이기도 했지만 복음을 전하는 것과 그 선교사들의 얼마나 소중한 주님의 사람들인가를 잘 알았습니다.

누구보다도 바르고 강렬한 신앙고백을 했던 나다나엘의 삶처럼 복음을 위해서 살다가 복음을 위해 자기 삶을 다 바친 선교사였습니다.

예수님 때문에 살았고, 예수님을 위해 살았고, 예수님에 의해서 살았던 목사님의 삶은 그가 떠난 후에도 많은 사람들의 가슴을 따뜻한 감동과 복음의 열정으로 불타게 만듭니다.

예수님께서 나다나엘을 보시고 그가 참으로 이스라엘 사람이라 그 속에 간사함이 없도다(요 1: 47)라고 말씀하신 것처럼 하나님이 보시기에 참된 그리스도인이요 복음과 그것을 전파하는 사명을 위해 살았던 분입니다.

그의 생애를 보면 너무나 짧아서 아쉬움이 많지만 그를 기억하는 사람 중에는 그가 남긴 삶의 흔적 때문에 새로운 도전을 받고 걸어가는 분들이 많습니다.

나다나엘을 닮은 김두화 목사님이 그립습니다. 그리고 아쉽습니다. 그렇지만 복음을 위해 후회없이 걸어간 그의 삶을 존경과 사랑의 마음으로 바라봅니다.

2
유일하게 '형님'이라 부르는 분
최종상 선교사

김두화 목사님을 처음 만난 것은 1977년 2월 극동방송국에서였습니다. 김 목사님은 20대 나이에 이미 극동방송 상담 실장을 하며, 〈젊은이여, 여기에 참 삶이〉를 제작하여 직접 마이크를 잡고 진행하고 있었습니다.

당시 저는 극동방송 2층에 있던 재단법인 TEAM 선교회 신임 총무로 부임하였습니다. 극동방송은 TEAM 선교회의 산하기관이었지만, 제가 일을 시작할 때는 아세아 방송으로 막 이양된 상태였습니다. 그래도 사무실은 같은 건물을 사용했기에 김두화 형제님을 만나는 축복을 가질 수 있었습니다.

저는 총무였지만 선교회에는 20명이 넘는 미국 선교사들과 한국 비서 자매만 있을 뿐이었습니다. 새로운 직장과 직책에 적응해 가는 중에 여러 방송국 직원들 가운데서도 유독 밝고 자상했던 김 형제님과 자연스레 가까워졌습니다.

직장 선배이기도 하고 나이도 두 살 많았기에 저는 김 형제님과 많은 대화를 나누며 의지하는 사이가 되었습니다. 함께 조이선교회를 열심히 다니며 신앙 훈련과 영어 훈련을 받았습니다.

부산에서부터 미국 선교사들을 만나온 김 목사님은 해외 선교에 관심이 많았습니다. 1978년 로고스 선교선을 타겠다고 모든 준비를 했지만 여권을 받을 수 없었습니다.

저는 TEAM 선교회 근무 경력으로 1년짜리 단수 여권을 받아 1979년 6월에 먼저 로고스에 합류했습니다. 로고스가 다시 한국을 방문하게 됨에 따라 저는 방문 준비팀의 일원으로 1980년 2월에 다시 귀국했습니다. 김 목사님은

7월에 로고스가 부산에 올 때까지 같이 지내자며 초대해 주었습니다.

로고스 생활과 사역에 대해 수없이 물어보며 선교사의 열망을 놓지 않았습니다. 로고스가 한국에 왔을 때 인터뷰를 거쳐 1980년 여름에 로고스에 승선하였습니다.

그는 로고스에서 험한 일을 도맡아 했습니다. 서점부에서는 책 박스를 나르고, 기관부에서는 새까만 기름을 온몸에 묻히며 땀을 흘렸고, 갑판부에서는 페인트칠은 물론 야간 보초도 마다하지 않았습니다.

당시는 전도부가 없었고 하루 8시간의 부서 일을 하고 나머지 시간에 자원하는 시스템이었는데, 김 선교사님은 거의 매일 싸인 업(sign-up) 해서 전도를 나갔습니다. 기뻐 날아다니며 지칠 줄 모르고 전도하는 사람이었습니다.

귀국 후 얼마 있다가 미국으로 간 김 목사님은 목회하던 교회에서마다 선교의 열풍을 일으켰습니다. 2-3주 단기선교를 데리고 여러 대륙을 다니는가 하면 두 명의 제자 청년들 Ssang Cho와 Sam Yoo님을 로고스에 일 년 동안 보내기도 했습니다. 목회하던 워싱톤제일침례교회, 뉴저지 지구촌교회, 분당의 지구촌교회까지 저희를 협력 선교사로 허입하게 했고, 이동원 목사님께도 소개해 주었습니다.

김 목사 부부가 런던을 방문했을 때 최 선교사 부부와 함께

　　1986년 여름, 김해나 사모님과 피어슨 선교사를 모시고 런던에서 신학공부를 하던 우리를 보러 오셨습니다. 함께 보낸 2주간이 꿈만 같았습니다.

　　그 후에는 제가 집회 인도 차 미국으로 갈 때마다 거의 빠지지 않고 만났습니다. 언제나 김 목사님은 따뜻하고 반듯하고 영혼에 대한 열정이 가득했습니다. 마지막 뉴저지의 병원에 계실 때도 방문했고, 소천 소식을 듣자마자 아내와 함께 뉴저지로 가서 장례에 참석하고 조사를 하기도 했습니다. 김 목사님을 만나 우정을 나누고 복음으로 동역한 것은 제게 큰 축복이었습니다.

김 목사님은 맏이로 태어난 제가 유일하게 "형님"이라 부르는 분이었고, 우리 딸들도 "큰 아빠"라 불렀습니다. 이런 분이 너무 일찍 우리 곁을 떠난 것이 안타깝습니다. 하지만 남보다 열 배는 많은 일을 했기에 일찍 사명을 다 마치고 하늘에서 저희와 복음으로 관계를 맺은 수많은 영혼들을 기다리고 있을 것입니다.

김 목사님의 말씀을 따라 오늘이 인생의 첫 날인 것 같이, 또 마지막 날인 것 같이 최선을 다하며 하나님 앞에서 살아야겠다고 다짐해 봅니다.

3
김두화 목사님은 꿈꾸는 사람(Visionary)
이관희 장로

"목사님, 이젠 정말 방법이 없는 것 같습니다. 죄송합니다."

주말 저녁 저는 눈물을 흘리고 있었습니다. 목사님 영결식에서 눈물을 흘리고 난 후, 두 번째 눈물이었습니다.

초겨울 새벽에 뉴욕으로 가면서 운전하시는 선교사님과 김 목사님에 대한 여러 이야기를 나누고, 영결식에서 목사님 앞에 선 저는 "어떻게 이럴 수 있는가"라는 생각을 버릴 수 없었습니다.

'주님을 향한 뜨거운 열정으로 새로운 비전을 이야기하

시던 목사님이 이렇게 가시면 정말 끝인가'라는 생각이 저를 무겁게 누르고 있었습니다.

이동원 목사님의 추모의 글이 읽히는 동안 저는 어두움 속에서도 희미한 빛이 아직도 남아있다고 생각하였습니다. 이 목사님의 추모글에서 김 목사님의 비전이 아직도 많은 사람들 마음속에 남아있다는 말씀에서였습니다.
"그렇지. 이것이 끝은 아닐 거야."
그 말씀을 붙잡고 수년간 노력하였습니다. 그 비전을 이루기 위해. 그러나 또 "끝이구나" 하는 순간이 오는 것을 경험하였던 것입니다.
주일은 목사님들이 바쁜 시간이고 연락을 하면 안 된다는 생각이 있었지만, 저는 마음의 무게를 이겨내지 못하고 김형준 목사님께 메시지를 보냈습니다. 답변은 "하나님이 준비하신 일이 있을 것입니다"였습니다.
"그렇지 나는 할 수 없지만 하나님이 준비하신 일이 있을 수 있지."

그날 이후 하나님이 준비하신 일이 시작되고, 그 일에 쓰임 받을 길을 주시는 하나님을 경험하고 있습니다.
제가 아는 김두화 목사님은 꿈꾸는 사람, 다시 말하면 Visionary셨습니다. 꿈만 꾸는 것이 아니라 그 길로 걸어가시는 분이었습니다. 그 꿈을 주위 사람들에게 나누는 분

이셨고 주위 사람들도 그 일, 즉 선교에 나서게 하시는 분
이었습니다. 지금도 선교지에서 훌륭하게 일하고 있는 수
십 명의 선교사들이 잊을 수 없는 분입니다. 무엇보다 저
로 하여금 천국에서 다시 만날 날까지 이 생에서의 남은
사명에 최선을 다하게 하시는 분입니다.

7

김두화 목사 설교들

1
당신이 V.I.P.입니다

하나님의 초대

영화를 보다 보면 종종 나오는 장면이 있습니다.

화려한 저택에서 턱시도와 드레스를 차려입은 사람들이 흥겨운 파티를 벌이고 있고 입구에 서 있는 경비원은 들어오는 사람들에게 이렇게 묻습니다.

"누구 초대를 받고 오셨습니까?"

손님이 초대장을 보여주면 경비원은 명단을 확인하고 입장을 시켜줍니다. 반면에 명단에 이름이 없으면 입장은 거부됩니다. 아무리 옷을 잘 갖춰 입고 왔어도, 직접 만든 똑같은 초대장을 들고 왔어도 파티에는 들어갈 수 없습니다. 명단에 이름이 없기 때문입니다.

여기에는 중요한 포인트가 한 가지 더 있습니다.

바로 '누구의 초대를 받고 왔느냐?'라는 것입니다.

같은 파티라도 높은 사람에게 초대를 받아 온 사람은 V.I.P.로 대접을 받습니다. 비행기도 일등석은 들어가는 입구부터가 다릅니다. V.I.P.는 같은 장소에 가도 받는 대우가 다릅니다. V.I.P.는 말 그대로 매우 중요한 사람(Very Important People)이기 때문입니다.

그리고 이 V.I.P.는 바로 파티의 주최자가 결정합니다.

이 말씀을 드리는 이유는 간단합니다. 바로 세상을 창조하신 하나님이 우리를 'V.I.P.'로 초대하셨기 때문입니다.

우리가 바로 V.I.P.입니다

아담과 하와의 범죄로 하나님과 단절된 우리 인간들을 하나님은 계속해서 초대하셨습니다. 사랑의 하나님은 모든 인간들을 구원하기 위해 계속해서 초대하셨습니다. 노아의 방주를 통해, 이스라엘 민족을 선택하심으로, 사사들과 수많은 왕들을 세우심으로, 그리고 최후의 방법인 독생자 예수 그리스도를 보내주심으로 마침내 모든 인류를 초대하셨습니다.

하나님이 주신 이 초대를 믿음으로 받느냐 아니냐가 인생의 성과 패를 결정하는 가장 중요한 차이입니다. 성경은 하나님이 우리에게 보내주신 초대장입니다. 하나님의 초대는 사랑의 부르심입니다. 성경에 나오는 초대 중에 가장 먼저 나오는 것은 '노아의 방주'입니다.

"여호와께서 노아에게 이르시되 너와 네 온 집은 방주로 들어가라 이 세대에서 네가 내 앞에 의로움을 내가 보았음이니라" – 창세기 7장 1절

성경에 나오는 첫 번째 초대인 노아의 방주를 통해 하나님이 우리에게 베푸신 초대의 특징을 알아보겠습니다.

은혜의 초대장

노아를 통해 만드신 방주는, 그리고 하나님이 우리에게 보내시는 초대장의 첫 번째 특징은 '은혜'입니다.

은혜는 받을 자격이 없는 사람에 베푸는 은총입니다.

노아 시대 당시 세상에는 악함이 가득했습니다.

"여호와께서 사람의 죄악이 세상에 가득함과 그의 마음으로 생각하는 모든 계획이 항상 악할 뿐임을 보시고" – 창세기 6장 5절

죄악이 세상에 가득했다는 것은 온 세상에 죄악이 널리 퍼져 있었다는 뜻이며 악이 곧 당시 인간들의 보편적인

생각이자 행동 양식이었다는 것을 뜻합니다.

생각이 악한 사람이 선한 일을 계획할 수 있겠습니까?

당시 세상 사람들은 악한 생각을 따라 악한 계획을 세우고, 죄를 통해 서로 관계하고 해를 입혔을 것입니다. 사람들이 일상에서 악을 행하던 시대였기에 하나님의 구원을 받을 자격이 없었지만 그럼에도 하나님은 방주라는 구원의 손길을 내밀어 인간을 초대하셨습니다.

"죄의 삯은 사망이요 하나님의 은사는 그리스도 예수 우리 주 안에 있는 영생이니라" - 로마서 6장 23절

죄의 결과는 죽음뿐입니다.

공의의 하나님은 죄를 심판하실 수밖에 없었고 그 방법이 바로 홍수였습니다. 그러나 이런 악한 세상에서도 하나님의 초청을 받은 사람이 있었습니다. 바로 노아입니다.

"그러나 노아는 여호와께 은혜를 입었더라" - 창세기 6장 8절

노아는 하나님의 은혜를 힘입어 초청받았고, 구원받았습니다. 죄를 지은 인간은 하나님의 심판을 결코 피할 수 없지만 하나님은 은혜로 살 길을 마련해주셨습니다. 그러나 안타깝게도 사람들은 하나님의 초대를 외면하고 계속해서 죄를 지었습니다.

"모든 사람이 죄를 범하였으매 하나님의 영광에 이르지 못하더니" - 로마

지금 우리가 사는 시대도 노아 때의 시대와 하등 다를 것이 없습니다. 성경에 기록된 하나님의 마지막 심판은 곧 찾아올 것입니다. 또한 당시 노아를 통해 방주로 은혜의 초대를 하셨던 하나님은 예수님의 십자가로 우리 모두를 초청하셨습니다. 누구도 피할 수 없는 하나님의 심판에서 벗어날 수 있는 유일한 은혜, 바로 예수 그리스도입니다.

> "곧 예수 그리스도를 믿음으로 말미암아 모든 믿는 자에게 미치는 하나님의 의니 차별이 없느니라" – 로마서 3장 22절

하나님의 은혜는 우리 모두에게 심판의 그날까지 공짜로 제공되는 하나님의 선물입니다. 죄의 삯인 사망을 피하고 영생을 누릴 수 있는 V.I.P.에게만 허락된 은혜의 선물인 것입니다. 이것은 나의 선함이나 능력, 혹은 누군가의 능력으로 얻을 수 있는 것이 아니라 전적으로 하나님이 주신 은혜이기에 가능한 일들입니다.

> "너희는 그 은혜에 의하여 믿음으로 말미암아 구원을 받았으니 이것은 너희에게서 난 것이 아니요 하나님의 선물이라 행위에서 난 것이 아니니 이는 누구든지 자랑하지 못하게 함이라" – 에베소서 2장 8-9절

노아 시대에 방주라는 분명한 증거를 세상에 보여주셨듯이 하나님은 지금 시대의 우리에게 예수님의 십자가라는 분명한 증거를 보여주셨습니다. 또한 예수님은 우리의

죄로 인해 십자가에서 돌아가셨고, 우리를 살리기 위해 죽음에서 부활하셨습니다.

노아가 사람들을 살리려고 "방주로 들어오라!"라고 외쳤듯이 지금 시대의 참된 그리스도인들은 세상에 나가 "하나님이 보내주신 은혜의 초대를 받아라!"라고 외쳐야 합니다.

1. 믿음으로 받으라

사막에서 길을 잃은 한 남자가 있었습니다.

며칠을 물도 마시지 못해 정신이 없었을 무렵 갑자기 거짓말처럼 눈앞에 우거진 풀숲이 나타났습니다. 시원한 그늘도 느껴졌고, 여기저기 맑은 샘도 있었습니다. 조금만 손을 뻗으며 탐스러운 과일도 먹을 수가 있었지만 남자는 모든 것이 신기루라고 생각했습니다.

'사막에 갑자기 이런 숲이 있을 리가 없지, 신기루에 신경을 쓰다가 헛된 힘만 낭비하고 말 거야.'

끝까지 모든 것이 신기루라고 생각하던 남자는 결국 얼마 지나지 않아 쓰러져 숨을 거뒀습니다. 며칠 뒤 이 지역을 탐험하던 다른 사람들이 남자의 시체를 보고 말했습니다.

"손만 뻗으면 먹을 수 있는 과일이 있고, 바로 앞에 샘이 있는데 어떻게 이런 곳에서 죽을 수가 있지?"

분명한 증거가 있음에도 믿지 못하는 사람들은 때때로 큰 희생을 치러야 합니다.

하나님이 보내주신 은혜의 초대장도 마찬가지입니다.

"여호와께서 노아에게 이르시되 너와 네 온 집은 방주로 들어가라 이 세대에서 네가 내 앞에 의로움을 내가 보았음이니라" – 창세기 7장 1절

노아는 방주로 들어오라는 하나님의 초대에 믿음으로 화답했습니다.

"노아가 여호와께서 자기에게 명하신 대로 다 준행하였더라" – 창세기 7장 5절

악행이 가득한 세상을 하나님이 심판하시고, 그 와중에 은혜로 하나님의 초청을 받고, 믿음으로 방주에 들어가 구원을 받은 노아의 이야기를 통해서 우리는 하나님의 구원의 원리를 알 수 있습니다.

"믿음으로 노아는 아직 보이지 않는 일에 경고하심을 받아 경외함으로 방주를 준비하여 그 집을 구원하였으니 이로 말미암아 세상을 정죄하고 믿음을 따르는 의의 상속자가 되었느니라" – 히브리서 11장 7절

하나님의 은혜의 초대는 누구나 받을 수 있습니다.

노아의 시대에도, 지금의 시대에도 이 초청을 모르는 사람은 없습니다. 문제는 믿음입니다.

노아는 한 번도 비를 보지 못했음에도 하나님의 말씀대

로 산 위에 방주를 짓는 믿음이 있었습니다.

120년 동안 사람들의 비웃음을 견디어내며 말씀을 준행할 믿음이 있었습니다.

모든 사람이 악을 행해도 하나님 앞에 의인으로 설 믿음이 있었습니다.

우리도 그 같은 믿음이 있을 때 예수님이 십자가에서 다 이루어놓으신 구원을 은혜로 거저 누릴 수 있게 됩니다.

"아들을 믿는 자에게는 영생이 있고 아들에게 순종하지 아니하는 자는 영생을 보지 못하고 도리어 하나님의 진노가 그 위에 머물러 있느니라" – 요한복음 3장 36절

믿음이란, 하나님의 은혜를 믿는 것입니다.

만물의 창조주 하나님께서 나를 V.I.P.로 초청하셨다는 사실을 믿는 것입니다.

하나님은 지금도 우리에게 이 초청장을 보내고 계십니다.

방금 예화로 들었던 사막에서 생명의 숲을 발견했지만 신기루로 여기고 결국 말라 죽었던 남자처럼 오로지 은혜로 주어진 이 놀라운 초청이 정말로 우리에게 왔다는 사실을 믿는 것은 오로지 우리의 선택입니다.

"볼지어다 내가 문 밖에 서서 두드리노니 누구든지 내 음성을 듣고 문을 열면 내가 그에게로 들어가 그와 더불어 먹고 그는 나와 더불어 먹으리라" – 요한계시록 3장 20절

2. 함께 초대하라

진정한 V.I.P.에게는 누구든 아는 사람이면 함께 파티에 데려갈 수 있는 특권이 있습니다. "명단에 없는데요"라는 경비원의 저지에도 "내가 아는 사람이야"라고 한 마디만 하면 프리 패스로 입장이 가능합니다. 하나님이 우리에게 주신 초청에는 이 놀라운 특권도 함께입니다.

> "여호와께서 노아에게 이르시되 너와 네 온 집은 방주로 들어가라 이 세대에서 네가 내 앞에 의로움을 내가 보았음이니라" – 창세기 7장 1절

> "그들을 데리고 나가 이르되 선생들이여 내가 어떻게 하여야 구원을 받으리이까 하거늘 이르되 주 예수를 믿으라 그리하면 너와 네 집이 구원을 받으리라 하고" – 사도행전 16장 30–31절

하나님은 단지 우리 중 한 사람만을 살리기 위해 우리를 초대하신 것이 아닙니다. 하나님은 우리를 통해 우리의 가정, 우리의 친구, 우리가 만나는 모든 사람을 살리기를 원하십니다. 하나님의 초청을 받은 사람의 가장 중요한 과제는 다른 사람을 구원의 길로 인도하는 것입니다. 물론 가장 가까운 가족에게도 쉽지 않은 일이지만 태초부터 지금까지 하나님이 우리를 포기하지 않으셨던 것과 같이 우리도 포기하지 말고 반드시 도전해야 합니다.

> "주의 성실하심은 대대에 이르나이다 주께서 땅을 세우셨으므로 땅이 항

하나님의 초청에는 놀라운 능력이 있습니다.

우리가 그 초청의 힘을 믿고 담대히 도전할 때 하나님은 우리에게 놀라운 지혜와 능력을 허락하십니다. 우리뿐 아니라 모든 사람이 함께 받아야 할 이 놀라운 은혜의 초청을 믿을 때 우리 삶에는 크게 세 가지 변화가 일어납니다.

(1) 오면 만족하리라

"오호라 너희 모든 목마른 자들아 물로 나아오라 돈 없는 자도 오라 너희는 와서 사 먹되 돈 없이, 값 없이 와서 포도주와 젖을 사라 너희가 어찌하여 양식이 아닌 것을 위하여 은을 달아 주며 배부르게 하지 못할 것을 위하여 수고하느냐 내게 듣고 들을지어다 그리하면 너희가 좋은 것을 먹을 것이며 너희 자신들이 기름진 것으로 즐거움을 얻으리라 너희는 귀를 기울이고 내게로 나아와 들으라 그리하면 너희의 영혼이 살리라 내가 너희를 위하여 영원한 언약을 맺으리니 곧 다윗에게 허락한 확실한 은혜이니라" – 이사야 55장 1–3절

어디든 V.I.P.에게는 특별한 혜택이 있습니다.

하나님의 초청을 받은 V.I.P.가 누리는 첫 번째 혜택은 '만족'입니다. 이사야 말씀을 통해 하나님은 목마른 자들에게 물을, 배고픈 자들을 양식을 주시며 우리의 육체뿐

아니라 영혼까지 책임지는 완전한 만족을 주시겠다고 하셨습니다.

사람은 물을 마시지 않으면 3일도 버티지 못합니다. 밥을 먹지 않고는 길어야 3주 밖에 살지 못하고 기적적으로 버텨도 40일이 한계입니다. 그러나 육체적인 조건이 모두 충족되었다고 해서 진정한 만족이 찾아오는 것은 아닙니다.

1920년대 시카고에는 '미다스 모임'이라는 사교 클럽이 있었습니다. 무엇이든 손을 갖다 대기만 하면 황금으로 변하는 미다스 왕처럼 미국에서 가장 돈이 많은 7명이 이 클럽의 멤버였습니다. 이들 7명의 재산을 모두 합치면 미국 국고보다 많았기 때문에 이들이 시카고의 호텔에서 만남을 가질 때면 온 매스컴이 총출동해 일거수일투족을 기사로 썼을 정도였습니다. 당시 이들보다 육체적으로 풍족하고, 만족을 누리는 사람은 지구상에 없었을 것입니다.

하지만 25년이 지난 뒤 이들 중 2명은 빈털터리로 생을 마감했고, 한 명은 감옥에 갇혀 있었습니다. 1명은 자살로 생을 마감했고, 2명은 큰 병에 걸려 요양원에서 죽을 날만 기다리고 있었습니다.

인생의 진정한 만족은 결코 육체적, 물질적인 것에서 오지 않습니다. 이들은 '영혼'을 만족시킬 수 없기 때문입니다.

하나님이 우리에게 해결해 주시겠다고 하는 목마름은 육체의 목마름이 아닌 영혼의 갈증입니다. 예수님이 주시는 '생명수'는 우리의 몸이 아닌 영혼을 만족케 하는 생명의 물입니다. 주님의 초대를 받은 사람이든, 아닌 사람이든 모든 사람은 본능적으로 타는 듯한 영혼의 갈증을 느끼고 있습니다. 이 갈증을 해결하기 위해 사람들은 돈으로, 권력으로, 성적인 만족으로, 명예로, 인기로, 혹은 술이나 마약, 자존심과 같이 온갖 방법을 강구하며 갈증을 해소하려 하지만 결국 다시 갈증에 허덕입니다. 주님은 이런 우리의 목마름을 아시고, 해결할 방법을 주시는 유일한 분이십니다.

"예수께서 대답하여 이르시되 이 물을 마시는 자마다 다시 목마르려니와 내가 주는 물을 마시는 자는 영원히 목마르지 아니하리니 내가 주는 물은 그 속에서 영생하도록 솟아나는 샘물이 되리라" – 요한복음 4장 13-14절

주님이 다른 많은 곳 중에 우물가에서 사마리아 여인을 만나신 것은 매우 상징적인 의미가 있습니다. 갈증은 우리의 육체뿐 아니라 영혼도 느끼는 것이며 영혼의 갈증을 해소하지 못하면 진정한 영혼의 만족은 없기 때문입니다. 예수님이 주시는 생명수를 맛본 사마리아 여인은 곧 하나님의 초청에 믿음으로 응답했습니다. 예수님의 은혜를 믿음으로 구원받은 여인은 온 마을 사람들에게 '영혼을 만족시킬 생명수가 있음'을 '하나님의 은혜의 초청이 우리

에게 왔음'을 알렸습니다. 물을 길어 동이를 지고 왔던 여인이 오히려 동이를 팽개치고 진정한 '생명수'를 나눠주러 다녔습니다.

하나님이 주시는 만족은, 세상이 주는 만족과는 다릅니다. 예수님이 주시는 생명수를 마시는 사람은 다시는 목이 마르지 않기 때문에 더 이상 물동이를 지고 다닐 필요가 없습니다. 그러나 이 생명수인 주님을 만났음에도 우리는 세상에서도, 심지어 교회에 올 때도 물동이를 지고 다니는 미련한 사람처럼 행동하지는 않는가요?

> "가련하고 가난한 자가 물을 구하되 물이 없어서 갈증으로 그들의 혀가 마를 때에 나 여호와가 그들에게 응답하겠고 나 이스라엘의 하나님이 그들을 버리지 아니할 것이라" – 이사야 41장 17절

또한 하나님은 '생명의 떡'으로 우리를 만족하게 하십니다. 우물에서 아무리 물을 길어다 마셔도 영혼의 갈증을 해결할 수 없듯이 아무리 양식을 구하기 위해 수고를 해도 영혼의 허기를 해결할 수는 없습니다. 우리가 원하는 것으로 우리의 인생을 채우는 것이 아니라 하나님이 주시는 것으로 우리의 인생을 채워야 하기 때문입니다.

하나님은 배가 고프다고 불평하는 이스라엘 백성들에게 만나를 내려주사 배불리 먹이셨습니다. 하지만 만나를

먹은 이스라엘 백성들은 고기가 먹고 싶다고 더욱 불평했습니다. 영혼의 허기는 아무리 좋은 것을 먹고, 큰 성공을 이룬다 해도 결코 채울 수가 없습니다.

예수님은 오병이어의 놀라운 기적으로 5천여 명을 배불리 먹이셨습니다. 실로 하나님의 아들이 아니고서는 이룰 수 없는 놀라운 기사였지만 사람들은 그저 배를 채우기 위해 예수님을 쫓아다닐 뿐이었습니다. 우리의 영혼을 채우기 위해 필요한 진정한 떡은 '만나와 메추리'가 아닌 '보리떡과 물고기'가 아닌 '하나님의 말씀'입니다.

> "의에 주리고 목마른 자는 복이 있나니 그들이 배부를 것임이요" – 마태복음 5장 6절

영혼이 만족하지 못하는 것은 '의'에 주리고 목마르기 때문입니다. 그 '의'를 채워주실 분은 오직 주님이시기 때문에 그 주님의 말씀을 영접할 때만 우리의 영혼이 채워집니다. 예수님의 제자들조차 예수님이 말씀하신 진정한 '양식'이 무엇인지 이해하지 못하고 먹을 것을 구하러 다녔지만 예수님은 하나님이 주신 양식은 '하나님의 뜻을 행하는 것'이라고 분명하게 가르치셨습니다.

평생 목마르지 않는 생명수와 영혼의 허기를 채워주는 양식이 가득한 놀라운 잔치로 하나님은 우리를 초청해 주

셨습니다. 이 잔치에 들어가 하나님이 주시는 물과 양식을 먹을 때 우리의 영혼이 살아나며 만족하게 됩니다.

이사야 54장은 이스라엘 민족을 향한 하나님의 초대장입니다. 하나님은 이 장을 통해 이스라엘이 하나님을 찬양하게 될 것이며 또한 놀라운 축복을 내릴 것이니 기뻐하라고 격려하십니다. 하나님이 보호하실 것이기에 두려워할 필요도 없다 하십니다.

또한 이사야 55장을 통해 하나님은 동일 초대를 이방인들에게도 하십니다. 하나님의 초대와 축복은 이처럼 모든 사람들에게 조건 없이 활짝 열려 있습니다. 다윗을 이스라엘의 왕으로 세우사 같은 민족에게 다윗과 동일한 은혜를 베푸신 것처럼 하나님은 하나님의 초대에 응한 우리를 세우사 우리 가정과 우리가 속한 모든 곳에 동일 축복과 은혜를 내리실 것입니다.

"너희는 귀를 기울이고 내게로 나아와 들으라 그리하면 너희의 영혼이 살리라 내가 너희를 위하여 영원한 언약을 맺으리니 곧 다윗에게 허락한 확실한 은혜이니라" – 이사야 55장 3절

당신의 영혼은 살아있습니까?
진정한 만족이 있습니까?
그렇지 않다면 예수님이 주시는
생명의 물과 생명의 떡을 구하십시오.

주님이 주신 은혜의 초대를 믿으며
주님께 나아가십시오.
주님께 구하십시오.
하나님의 아들 예수 그리스도께서
당신의 영혼을 만족하게 하실 것입니다.

(2) 오면 평안하리라

케빈 카터는 남아프리카공화국에서 태어나 10대 때부터 아프리카의 참상을 사진으로 알렸습니다. 흑인과 백인의 분리 정책(아파르트헤이트)으로 내전의 참상을 겪던 자국의 아픔을 사진으로 세계에 알렸던 케빈은 빗발치는 전장 속을 두려워 않고 뛰어다녔습니다. 총탄을 두려워 않고 종군기자로 활약하는 케빈과 그의 동료들을 사람들은 '뱅뱅클럽'이라고 불렀습니다.

특히 케빈이 수단을 방문했을 때 찍은 한 소녀의 사진은 아프리카 기아의 참상을 알리는 대표적인 사진으로 세간에 알려지며 미국에서 가장 권위 있는 보도 사진상인 '퓰리처상'까지 수상했습니다.

10대 때부터 아프리카의 참상을 세계에 알리기 위해 죽음을 두려워하지 않고 전장을 돌아다니며 사진을 찍은 케빈은 원하던 많은 것을 이루었습니다. 하지만 가장 빛나야 할 그때 케빈은 정신적으로 큰 공황을 겪었습니다. 안정된 직장도 그만두고 카메라도 점점 손에서 놓은 케빈은 결국 33살의 젊은 나이에 자살로 생을 마감했습니다.

케빈은 세상의 많은 것을 바꾸려고 노력했고, 일반인은 상상도 할 수 없는 노력과 헌신으로 많은 것을 이루었습니다. 그러나 그가 겪고 목격했던 그 모든 참상과 경험들은 한 인간이 지고 살아가기엔 너무 무거운 짐이었습니다.

케빈과 같이 대의를 위해 노력하든, 아니면 개인의 성공을 위해 노력하든 사람은 살아가며 무언가에 힘을 쏟게 마련입니다. 우리는 무언가를 이루기 위해 노력하고, 또 그 일을 통해 보상을 받지만 그 보상이 아무리 크고, 원하던 성공을 이루더라도 결국엔 지치게 됩니다. 진정한 쉼이 뭔지 모르기 때문입니다. 그래서 주님은 우리에게 이렇게 말씀하셨습니다.

"수고하고 무거운 짐 진 자들아 다 내게로 오라 내가 너희를 쉬게 하리라"
― 마태복음 11장 28절

하나님을 잊고 세상에서 허망한 것을 쫓아 사는 사람들은 죽을 때까지 진정한 쉼이 뭔지도 모르고 쳇바퀴 같은 삶을 삽니다. 쉬지 못하고 계속 일만 하는 사람의 인생은 과부하 된 엔진처럼 언젠가는 터지고 맙니다.

낙타는 주인에게 순종적인 동물 중 하나입니다.

내리쬐는 햇볕을 맞으며 하루에 100km 가까이 이동할 수 있으며 한 달 동안 물도 먹지 않고 200kg이 넘는 짐을 싣고 다닙니다. 사막을 오랜 기간 여행할 때는 자동차보다도 낙타가 요긴하게 쓰입니다. 사람에게 더 없이 순종적이기에 중동을 비롯한 몽골에서도 낙타를 길들여 사용하지만 이 낙타도 조금씩 스트레스를 받다가 한계에 다다른다고 합니다.

일을 너무 많이 해서 화가 난 낙타는 사람도, 짐도 싣지 않고 마구 난동을 피웁니다. 낙타를 잠재우기 위해 주인은 입던 옷을 물려주는데 그러면 낙타는 이 옷이 자기를 괴롭힌 주인인 줄 알고 옷을 갈갈이 찢어 조각을 내버리고 다시 온순해집니다. 한 번 고삐가 풀린 낙타는 이내 다시 난폭해지기 때문에 주인은 정기적으로 옷을 물려 화를 풀어줘야 합니다.

사람도 이와 마찬가지의 삶을 살고 있습니다.

요즘 들어 대두되는 사회적 문제인 '번아웃 증후군'도 사실상 이와 같은 맥락이라 볼 수 있습니다. 예수님은 이 사실을 누구보다 잘 아셨기에 '수고한 사람'에게 쉼을 주신다고 말씀하셨습니다.

'수고하고'가 지칭하는 사람들은 '모든 노동자'입니다.

'땅에서 수고하는 농부, 바다에서 땀 흘리는 어부, 들에

서 양을 치는 목동, 새벽부터 나갈 채비를 하는 상인…'

예수님이 부르신 제자들도 삶의 현장에서 치열하게 맡은 일에 노력을 쏟던 노동자들이었습니다. 그리고 주님은 단순히 영적인 쉼이 아닌 우리의 육체적인 피곤함까지 책임져주시는 쉼을 약속하셨습니다.

평일 내내 모든 것을 쏟아낸 사람은 아실 것입니다.

일하지 않고 가만히 있는다고 결코 쉬는 것이 아닙니다. 때로는 쉬고 있어도 더욱 강력한 피곤이 몰려올 때도 있습니다. 누구보다 예수님을 따르며 피곤했던 제자들에게 주님은 "가서 먹고 좀 쉬어라"라고 말씀하셨고 성경의 인물들도 때때로 '번아웃'이 찾아와 기력이 쇠했을 때도 주님은 여지없이 때에 맞는 방법으로 '쉼'을 허락하셨습니다.

"너는 알지 못하였느냐 듣지 못하였느냐 영원하신 하나님 여호와, 땅 끝까지 창조하신 이는 피곤하지 않으시며 곤비하지 않으시며 명철이 한이 없으시며 피곤한 자에게는 능력을 주시며 무능한 자에게는 힘을 더하시나니 소년이라도 피곤하며 곤비하며 장정이라도 넘어지며 쓰러지되 오직 여호와를 앙망하는 자는 새 힘을 얻으리니 독수리가 날개치며 올라감 같을 것이요 달음박질하여도 곤비하지 아니하겠고 걸어가도 피곤하지 아니하리로다" – 이사야 40장 28~31절

이 말씀이 바로 하나님이 주시는 쉼을 경험하는 비결입

니다. 우리가 하나님을 앙망할 때 하나님은 우리에게 힘을 주십니다. 하나님이 주시는 힘으로 회복할 때만 진정한 쉼을 누릴 수 있습니다.

> "내게 능력 주시는 자 안에서 내가 모든 것을 할 수 있느니라" – 빌립보서 4
> 장 13절

이 말씀에 나오는 '능력'을 영어 성경으로 보면 'strength', 바로 힘입니다. 방전된 배터리를 쉬게 둔다고 다시 회복되지 않듯이 수고한 우리의 육체도 하나님을 통해 힘을 공급받을 때만 다시 채워집니다.

> "나는 포도나무요 너희는 가지라 그가 내 안에, 내가 그 안에 거하면 사람
> 이 열매를 많이 맺나니 나를 떠나서는 너희가 아무 것도 할 수 없음이라"
> – 요한복음 15장 5절

가지이신 예수님을 떠나서는 아무것도 할 수 없는 것이 창조물인 우리 인간입니다. 예수님 안에 거하기 위해서는 예수님께 나아가야 합니다. 예배를 통해 우리는 진정한 새 힘을 얻게 됩니다. 찬양 중에, 기도 중에, 말씀 중에 임하시는 성령님의 임재하심을 통해 우리의 영혼뿐 아니라 육체도 회복되면 하나님이 공급해주시는 힘과 능력이 내 안에 채워집니다.

우리의 피곤함을 누구보다 잘 알고 계시는 주님이 우리

에게 진정한 쉼을 주기 위해 우리를 부르고 계십니다. 육체가 힘들수록, 번아웃이 찾아올수록 더욱 주님을 사모하며 예배를 통해 주님 품에 안식하십시오. 우리의 몸과 마음이 지쳐 있는 만큼 주님께서 독수리가 날아오름 같이 강렬한 새 힘을 주실 것입니다.

하나님이 주시는 쉼은 육체적 안식에 머무르지 않습니다.

"수고하고 무거운 짐 진 자들아 다 내게로 오라 내가 너희를 쉬게 하리라"

– 마태복음 11장 28절

이 구절의 '무거운 짐'은 영어로 'heavy burdens'는 단어인데 정신적인 힘이 쇠진하여 더 이상 감당할 수 없는 상태입니다. 육체가 강건해도 마음이 어렵고 근심과 걱정이 가득하면 쉬운 일도 몇 배는 더 어렵게 느껴집니다. 또한 역사상 가장 풍요로운 시대를 살아가는 현대인들이지만 육체적인 문제보다 정신적인 문제로 더 큰 어려움을 겪고 있습니다.

국민건강보험공단의 통계에 따르면 매년 거의 모든 종류의 정신질환으로 병원을 찾는 사람들의 비율이 5-10% 정도씩 늘고 있고, 자살률은 10년 사이 3배 가까이 증가했다고 합니다.

물질적으로는 더없이 풍요로운 시대이지만 정신적으로

는 빈곤한 세상이기 때문입니다. 그러나 주님은 우리가 겪는 이러한 정신적인 문제까지도 모두 알고 계십니다.

"너희 염려를 다 주께 맡기라 이는 그가 너희를 돌보심이라" - 베드로전서 5장 7절

"아무 것도 염려하지 말고 다만 모든 일에 기도와 간구로, 너희 구할 것을 감사함으로 하나님께 아뢰라 그리하면 모든 지각에 뛰어난 하나님의 평강이 그리스도 예수 안에서 너희 마음과 생각을 지키시리라" - 빌립보서 4장 6-7절

하나님이 주시는 정신적 쉼은 세상이 말하는 쉼과는 차원이 다른 쉼입니다. 세상의 많은 처세서와 신비로운 자기계발서들은 현실을 부정하고 일어날 일을 떠올리거나 잠시 고통을 잊게 해주는 낮은 차원의 감성으로 우리의 마음을 달래주려 하지만 그 효과는 지극히 일시적이며 곧 더 큰 공황이 찾아옵니다. 그러면 어떻게 해야 할까요?

말씀대로 우리는 현실의 문제와 어려움을 그대로 인정해야 합니다. 우리의 문제와 약함을 인정하되 그대로 하나님께 들고 가야 합니다. 우리의 모든 문제와 어려움을 기도로 하나님께 '맡길 때' 하나님은 우리의 간구를 들어주심으로 마음의 평안함을 주십니다.

이처럼 하나님이 주시는 힘으로, 기도로, 간구함으로 육체와 정신의 쉼을 얻을 때 마침내 영혼의 안식이 찾아옵

니다.

> "나는 마음이 온유하고 겸손하니 나의 멍에를 메고 내게 배우라 그리하면
> 너희 마음이 쉼을 얻으리니" – 마태복음 11장 29절

교회를 다니면서 많은 봉사와 헌신을 하는 분들은 이 말씀을 보고 의문을 품을 수도 있습니다.

"교회에서 일을 더 많이 하는데 어떻게 쉼을 얻을 수 있나요?"

주님은 '멍에를 메고 배울 때 쉼을 얻을 것'이라고 분명히 말씀하셨습니다. 그러나 우리는 주일 성수, 봉사, 헌금 등 많은 종교적 의식을 주님을 위해서가 아닌 우리를 위해 혹은 종교적 노력이나 의무감으로 하기 때문에 오히려 예배를 드리면서도 힘이 듭니다. 예수님이 주시는 '멍에'가 아닌 우리 입맛에 맞는 멍에를 제멋대로 쓰고 있기 때문입니다.

'멍에'를 쓰지 않는 소는 일을 할 수 없습니다.

주님이 주시는 멍에를 우리가 쓸 때 주님이 원하시는 일을 할 수 있고, 주님이 주시는 쉼을 얻을 수가 있습니다. 이것이 예수님이 우리에게 "멍에를 멜 때 오히려 쉼을 얻으리라"라고 말씀하신 이유입니다.

예수님이 주시는 멍에는 우리에게 꼭 맞고 가벼운 멍에입니다. 산을 오르기 위해서 등산화를 신어야 하고, 조깅을 위해 러닝화를 신어야 하듯이, 하나님을 위해 일하며

하나님이 주시는 쉼을 얻기 위해 우리는 이 멍에를 반드시 써야 합니다.

온유한 마음으로, 겸손한 믿음으로, 순복하는 신앙으로 주님을 향해 조용히 나아가면 우리를 구원하신 주님께서 우리의 모든 수고와 필요를 아시고 우리의 몸과 마음, 그리고 영혼까지 소생시킬 진정한 쉼을 허락하실 것입니다.

(3) 가서 돕게 되리라

아펜젤러 선교사는 행선지를 인도로 정하고 선교를 준비하던 차에 파울러 감독의 요청으로 애초에 생각에도 없던 한국으로 선교지를 변경했습니다.

1885년 4월 5일, 부활주일에 스크랜턴, 언더우드와 함께 인천 제물포항에 도착한 아펜젤로는 한국 땅을 밟자마자 기도를 드렸습니다.

"사망의 권세를 이기신 주님, 이 백성을 옭아맨 결박을 끊으시고 하나님의 자녀를 삼아주사 자유와 빛을 허락하소서."

한국에서 최초로 복음을 전한 선교사는 칼 귀츨라프지만 그는 한 달도 채 머물지 않았습니다. 하지만 아펜젤러는 자신의 목숨이 다할 때까지 복음을 전하며 교육과 의료, 사회의 소외된 사람들을 위해 온 인생을 던졌습니다. 사고가 난 배에서 미처 빠져나오지 못한 조수를 구하려고 침몰하는 배에 남았다가 세상을 떠난 아펜젤러는 그야말로 모든 삶을 한국의 복음화에 헌신했던 사랑의 화신이었습니다.

아펜젤러가 애초에 마음을 정한 대로 한국이 아닌 인도로 떠났더라면, 혹은 하나님의 초대로 변화 받은 기쁨을 이역만리 외국까지 와서 전하고자 하는 것이 아니라 혼자만 간직하며 살았다면 어땠을까요? 어쩌면 한국은 지금도 주님을 제대로 모르고 어둠에 싸여있는 흑암의 땅이었을지도 모릅니다.

하나님의 은혜로 풍성한 잔치에 초대를 받은 우리는 이제 영혼의 만족을 얻었고 진정한 쉼을 누리게 됐습니다. 그러나 여기서 끝나선 안 됩니다. 우리에겐 남겨진 사명이 아직 한 가지 더 있기 때문입니다.

"밤에 환상이 바울에게 보이니 마게도냐 사람 하나가 서서 그에게 청하여 이르되 마게도냐로 건너와서 우리를 도우라 하거늘 바울이 그 환상을 보았을 때 우리가 곧 마게도냐로 떠나기를 힘쓰니 이는 하나님이 저 사람들에게 복음을 전하라고 우리를 부르신 줄로 인정함이러라" – 사도행전 16장 9–10절

길 잃은 영혼들의 외침이 세상 곳곳을 울리고 있습니다. 하나님의 초청을 받은 V.I.P.들은 하나님이 주시는 힘과 위

로로 변화 받았을 뿐 아니라 필요한 곳에 들어가 진리의
복음을 누구에게나 전했습니다. "와서 우리를 도우라"라
는 외침을 외면하지 않고 '가서 도왔기에' 온 세상을 진동
시키는 하나님의 역사가 일어날 수 있었습니다.

오순절에 구원받은 3천 명의 사람들로 인해 말씀이 흥
왕하며 믿는 사람들의 수가 계속 늘었습니다. 스데반의 순
교를 통해 복음을 박해하던 많은 사람들이 회심을 경험했
고 그 가운데 바울도 있었습니다. 바울은 안디옥 교회의
도움으로 바나바, 실라와 같은 동역자들과 함께 전도 여행
을 떠났습니다. 이들이 떠난 여러 지역에 교회가 세워지며
하나님의 복음은 들불처럼 세계를 향해 퍼져갔습니다. 바
울은 아시아에 복음을 전하러 떠나며 그동안 세웠던 교회
들을 둘러 일꾼을 다시 세우려 했지만 성령께서 바울에게
환상을 보여주사 길을 막으시고 유럽으로 향하게 하셨습
니다.
하나님의 초대장이 전해져야 할 곳이 어디인지 바울
에게 하나님이 직접 보이신 역사적 사건이 아닐 수 없습
니다.

하나님의 초대장을 받았습니까?
그 은혜로, 믿음으로 만족과 쉼을 얻었습니까?
그렇다면 이제는 우리가 그 초청을 다른 사람에게 전해

주는 '사명의 전달자'가 되어야 합니다.

세계에 아직도 복음을 듣지 못한 6,400여 민족이 있고, 37억의 인구가 있습니다. 유일한 구원의 방법인 복음을 전해야 하기에 더 이상 지체할 시간이 없습니다. 예수님을 배척하며 오히려 성도들을 잡아 가두던 사도 바울이 사실은 하나님의 복음을 전하기 위해 준비된 그릇이었던 것처럼 지금 이 나라에서 태어나 이 복음을 믿게 하시며 "가서 전하라"는 하나님의 명령을 우리에게 듣게 하시는 것도 하나님의 큰 계획과 섭리라는 것은 부인할 수 없는 사실입니다.

우리를 초청하사 구원하신 하나님은 이제 우리의 귀를 열어 "와서, 우리를 도우라"라는 세계 곳곳의 외침을 듣게 하셨습니다. 이 외침은 때로는 뉴스일 수 있고, 때로는 신문일 수 있으며, 이 책이나, 설교, 혹은 바울이 본 것 같은 환상이나 하나님의 감동일 수 있습니다. 중요한 것은 수단이 무엇이든 간에 하나님이 주신 이 명령에 바로 순종하는 것입니다. 비단 다른 민족뿐 아니라 우리가 속한 곳, 우리가 만나는 사람들에게도 이 초대를 알려야 할 의무는 똑같습니다.

"그 때에 너희는 그리스도 밖에 있었고 이스라엘 나라 밖의 사람이라 약속의 언약들에 대하여는 외인이요 세상에서 소망이 없고 하나님도 없는 자이더니" – 에베소서 2장 12절

하나님의 초대를 몰랐던 우리 역시, 그들과 마찬가지의 삶을 살고 있었습니다.

그들은 죄 가운데 죽어가고 있습니다.
아무런 소망 없이 살아가고 있습니다.
죽음 저편에 대한 두려움에 짓눌려 살아가며
심판을 피할 방법을 알지 못합니다.
하나님이 우리를 사랑하고 있다는 사실을
모르기 때문입니다.
예수님이 우리를 구원하기 위해 오셨다는 사실을
모르기 때문입니다.
예수님이 우리를 위해 십자가에서 돌아가사 삼일 만에 부활하시고 죽음을 이기사 우리에게 영생을 주셨다는 사실을 그들은 모릅니다.

아무 조건도 없이 믿음으로 받을 수 있는 '하나님의 초대'를 그들에게 전해줄 수 있는 것은 이미 은혜를 입은 우리뿐입니다.

"그런즉 그들이 믿지 아니하는 이를 어찌 부르리요 듣지도 못한 이를 어찌 믿으리요 전파하는 자가 없이 어찌 들으리요 보내심을 받지 아니하였으면 어찌 전파하리요 기록된 바 아름답도다 좋은 소식을 전하는 자들의 발이여 함과 같으니라" – 로마서 10장 14-15절

하나님은 초대장을 보내야 할 곳이 어디인지를 우리에

게 '명확히' 보여주십니다. 이것이 바로 '비전(Vision)'입니다. 세상 사람들이 보기에는 사도 바울의 전도 여행이 헐벗고 매 맞으며 시간만 낭비하는 개고생이었겠지만 하나님의 초대를 받은 사람들이 보기에는 하나님이 주신 진정한 '비전'이었습니다.

이 비전이 있을 때 우리는 진정으로 승리하는 인생을 살 수 있습니다.

하나님이 우리에게 보여주시는 곳은 어디입니까?

하나님이 우리에게 보여주시는 곳,

내 귀에 들려주시는 "와서 도우라!"는 외침이 들리는 곳,

바로 그곳을 위해 기도로, 헌금으로, 헌신으로

하나님의 초대장을 보내십시오.

하나님이 선택하신 V.I.P.인 우리에게 하나님은 이 놀라운 사명을 감당할 모든 능력을 이미 허락하셨습니다.

2

예수님께, 예수님을, 예수님은

돌아갑시다, 예수님께

노벨문학상을 수상한 사무엘 베케트의 대표적인 소설 '고도를 기다리며'에는 두 명의 주요 등장인물이 나옵니다.

에스트라 공이라는 부랑자는 "인생은 하고 싶은 대로 살면 된다"라고 주장합니다. 다른 주인공인 블라디미르는 같은 부랑자임에도 "고도가 올 때까지 기다려야 한다"라며 에스트라 공을 설득합니다. 고도가 와야만 자신들을 구원하며, 진정한 기쁨이 무엇인지, 인생의 의미가 무엇인지 알려줄 것이라고 생각하기 때문입니다.

두 부랑자는 이런저런 상황 가운데서도 50년 동안이나

고도를 기다립니다. 그리고 그토록 기다리던 '고도'는 오지 않은 채 여전히 두 사람은 고도를 기다리며 소설은 끝납니다.

한 기자가 훗날 사무엘 베케트에게 "인류를 구원할 고도는 도대체 무엇입니까? 사람입니까? 어떤 가치입니까?"라고 물었습니다. 베케트는 이 질문에 이렇게 대답했습니다.

"고도가 누군지 알았다면 내가 책에 분명하게 적었을 것입니다."

누군지, 혹은 무엇인지 모르는 '고도'가 나오는 이 소설은 엘리트 지식인들부터 죄수들에게까지 선풍적인 인기를 끌었습니다. 자신들을 구원해 줄 어떤 '가치'를 '고도'로부터 발견했기 때문입니다. 그러나 안타깝게도 사람들이 무엇이 '고도'라고 생각하든 혹은 얼마나 '고도'를 기다리든 결코 에스트라 공이 바라던 것처럼 자신들을 구원해 줄 기적은 일어나지 않았습니다.

고도는 끝까지 오지 않았지만 인류를 구원할 기적은 이미 예수님을 통해 이 땅에 이루어졌습니다. 예수님은 이미 오셨고, 구원은 이미 이루어졌기에 이제 우리가 할 일은 이미 오신 예수님께 돌아가는 것뿐입니다.

인류를 구원하기 위해 창세부터 지금까지 수많은 방법을 동원했던 하나님은 태초부터 지금까지 우리가 주님의 품에 돌아오기를 기다리는 한결같은 마음이십니다.

"오라 우리가 여호와께로 돌아가자 여호와께서 우리를 찢으셨으나 도로 낫게 하실 것이요 우리를 치셨으나 싸매어 주실 것임이라 여호와께서 이틀 후에 우리를 살리시며 셋째 날에 우리를 일으키시리니 우리가 그의 앞에서 살리라 그러므로 우리가 여호와를 알자 힘써 여호와를 알자 그의 나타나심은 새벽 빛 같이 어김없나니 비와 같이, 땅을 적시는 늦은 비와 같이 우리에게 임하시리라 하니라" – 호세아 6장 1–3절

B.C. 782년, 여로보암 2세가 북이스라엘의 왕이었던 시절 호세아 선지자는 온 땅을 두루 돌며 사람들에게 "하나님께로 돌아가자"라고 절절히 외쳤습니다. 호세아는 이사야와 동시대의 사람이며 직업은 지금으로 치면 평범한 제빵사였습니다. 남쪽 유다 지방은 '웃시야, 요담, 아하스, 히스기야 왕'으로 이어지며 통치하고 있었고, 여로보암 2세가 통치하던 북이스라엘은 역사상 최전성기를 40여 년 동안이나 누렸습니다.

솔로몬이 통치했을 당시에 못지않게 영토는 넓어졌고 경제적으로도 풍족했습니다. 주변국들도 북이스라엘의 눈치를 봤고 모든 백성들은 전에 더 없는 풍요를 만끽했습니다. 그러나 역설적이게도 세상적으로는 가장 풍족했

던 이 시기에 북이스라엘은 역사상 가장 영적, 도덕적, 사회적으로 타락한 시대를 맞이했습니다.

모든 축복을 하나님이 주신 것임에도 불구하고 지도자와 백성들은 이 사실을 망각합니다. 하나님이 주신 축복을 자신들의 노력으로 일군 노력의 결과라고 생각하고는 그렇게 생긴 풍요를 오로지 쾌락을 위해 사용했습니다. 각종 우상을 짓고, 음란의 죄를 지으며, 사회의 불의도 개의치 않고 오로지 정욕만을 추구하는 풍조가 온 북이스라엘에 만연했습니다. 바로 역사상 가장 풍족했고, 쾌락이 만연했던 이 시기에 선지자 호세아는 홀로 일어서서 "하나님께로 돌아오라!"라고 외쳤습니다.

나라가 얼마나 풍요롭던지, 군사적으로 강대하던지 하나님 앞에 지은 죄는 죄인 것을 깨달아야 합니다. 먹고 사는 문제를 해결하는 것이 인생의 전부는 아니기 때문입니다. 호세아가 "지도자와 백성이 하나님께 돌아가지 않으면 결국 멸망할 것"이라고 경고했듯이 우리가 얼마나 풍요로운 삶을 살든 구원받지 못하고, 하나님께로 돌아가지 않으면 결국 남는 것은 심판과 죽음뿐입니다.

여로보암 2세와 북이스라엘 백성들은 호세아의 경고를 어떻게 받아들였을까요? 호세아가 몇 번을 경고하든 하나

같이 무시했습니다. 세상에서 부족한 것이 하나도 없고 모든 것이 풍요로웠기 때문입니다. 그러나 그 풍요는 100년이 채 유지되지 않았습니다.

B.C. 722년에 앗수르의 왕 살만에셀 5세의 침공으로 수도 사마리아가 점령당하고 온 백성은 포로가 되어 적국으로 끌려갔습니다. 하나님이 없는 풍요의 때는 차라리 찾아오지 말았어야 하는 비극의 순간이나 다름없었습니다.

백성들을 향해 계속해서 외치는 하나님의 사랑을 하나님은 호세아의 아내를 통해 보여주셨습니다. 하나님이 호세아를 통해 전하는 메시지는 '심판', 그리고 '사랑'입니다. 하나님의 심판은 결코 누구도 피할 수 없는 것입니다. 그 심판을 피할 수 있는 유일한 방법은 하나님의 사랑으로 돌아가는 것뿐입니다.

비단 호세아뿐 아니라 모든 성경은 하나님의 열렬한 초대입니다. 죽을 수밖에 없는 죄인들에게 "사랑으로 모든 것을 용서할 테니 돌아오라"라는 열렬한 하나님의 초대가 바로 성경입니다.

선악과를 따먹고 범죄한 아담을 향한 초대가 나온 창세기부터….

"여호와 하나님이 아담을 부르시며 그에게 이르시되 네가 어디 있느냐" –
창세기 3장 9절

하나님의 묵시가 담긴 성경의 마지막인 요한계시록까지 하나님은 우리를 초청하고 계십니다.

"성령과 신부가 말씀하시기를 오라 하시는도다 듣는 자도 오라 할 것이요 목마른 자도 올 것이요 또 원하는 자는 값없이 생명수를 받으라 하시더라" – 요한계시록 22장 17절

하나님의 초청에 응한 사람들은 놀라운 하나님의 사랑과 은혜에 탄복해 이제는 하나님을 자신들의 삶에 초청하게 됩니다.

"이것들을 증언하신 이가 이르시되 내가 진실로 속히 오리라 하시거늘 아멘 주 예수여 오시옵소서" – 요한계시록 22장 20절

모든 것이 풍족했지만 하나님을 잊고, 범죄했던 세상을 향해 "주님께 돌아가자"라고 말했던 호세아처럼 우리는 하나님께 돌아가야 하며, 동시에 호세아처럼 "하나님께로 돌아가자"라고 세상을 향해 외쳐야 합니다.

그 누구보다 하나님께로 돌아가야 하는 세 종류의 사람이 있습니다.

1. 하나님의 첫사랑을 경험한 사람

"오라 우리가 여호와께로 돌아가자…" – 호세아 6장 1절

이스라엘 백성들은 하나님의 사랑을 알던 사람들이기에 호세아는 하나님이 어떤 분이신지 전하며 복음을 말하는 것이 아니라 "다시 돌아가자"라고 말했습니다. 하나님의 선택받은 백성이었던 이스라엘에게 우리를 애굽에서 탈출시켜주셨던 그 하나님, 낮에는 구름 기둥, 밤에는 불 기둥으로 보호해주셨던 그 하나님, 시대에 맞는 사사들을 보내사 구원해주시고 택하신 왕을 세워주셨던 그 하나님을 기억하며 "다시 돌아가라"라고 호세아는 울부짖었습니다. "돌아가라"라는 호세아의 외침은 '국가적, 그리고 개인적으로 회개하라'는 뜻이었습니다.

　교회를 조금이라도 다닌 분들은 하나님의 강렬한 사랑을 경험한 사람들입니다. 하나님이 주신 사랑의 맛을 조금이라도 알고, 그 은혜를 만 분의 일이라도 헤아릴 수 있기 때문에 복음이 믿어지고 신앙생활을 시작할 수 있었을 것입니다. 하지만 이런 하나님의 사랑을 향한 순수한 감동은 머지않아 조금씩 흐려집니다. 세상적인 즐거움에 희미해지고, 교회에서의 여러 인간적인 모습들에 희미해지고, 관계 가운데 조금이라도 다툼이 생기면 모든 것을 덮고도 남을 주님의 은혜를 애써 외면하며 그냥 교회를 떠납니다. 하지만 우리는 이 사실을 반드시 기억해야 합니다.

　"하나님이 우리를 구원하셨다"는 것은…

"예수님을 이 땅에 보내주셨다"라는 말입니다.
그 구원은 예수님이 십자가에 달려 죽으셨다가
사흘 만에 부활하신 희생입니다.
우리가 구원받았다는 것은 적어도 그 순간만큼은
우리를 위해 죽으신 십자가의 예수님을 만났다는
고백입니다.

죽을 수밖에 없는 죄인인 우리를 위해 이처럼 크나큰 사랑을 보내주신 은혜의 하나님, 그 하나님을 우리가 어찌, 감히 떠날 수 있겠습니까? 지금 우리가 여전히 신앙생활을 잘하고 있다고 해도 주님을 처음 만났던 그때를 떠올려보십시오. 예배 한 번 한 번이 너무나 소중하고 가슴 떨리던 그 시절, 그 시절의 감동과 기쁨이 지금의 신앙생활 가운데 있습니까?

그렇다면 다시 돌아가야 합니다.
예수님께로 돌아가야 합니다.

용서의 하나님, 회복의 하나님, 사랑의 하나님은 탕자도 언제든지 돌아올 수 있도록 집의 문을 열어놓고 기다리시는 사랑의 아버지이십니다. 그 아버지가 지금 우리가 돌아오기를 기다리고 계십니다.
"에베소 교회의 사자에게 편지하라 오른손에 있는 일곱 별을 붙잡고 일곱

금 촛대 사이를 거니시는 이가 이르시되 내가 네 행위와 수고와 네 인내를 알고 또 악한 자들을 용납하지 아니한 것과 자칭 사도라 하되 아닌 자들을 시험하여 그의 거짓된 것을 네가 드러낸 것과 또 네가 참고 내 이름을 위하여 견디고 게으르지 아니한 것을 아노라 그러나 너를 책망할 것이 있나니 너의 처음 사랑을 버렸느니라 그러므로 어디서 떨어졌는지를 생각하고 회개하여 처음 행위를 가지라 만일 그리하지 아니하고 회개하지 아니하면 내가 네게 가서 네 촛대를 그 자리에서 옮기리라" – 요한계시록 2장 1–5절

호세아의 외침은 교회를 떠난 사람에게 교회로 돌아오라는 외침이 아닌 "주님의 은혜에 감격하며 감동이 살아 있던 첫 사람, 첫 열정으로 돌아오라"는 하나님의 마음입니다.

이전과 같지 않은 마음을 인정하고 다시 회복시키는 주님 앞에 회개함으로 돌아갈 때 주님은 우리를 향한 사랑을 거두지 않으시지만, 뭐가 잘못된 지도 모른 채 뻔뻔하게 보여주기식 신앙생활을 한다면 주님은 우리에게 주신 '축복(촛대)'을 거두신다고 분명하게 말씀하고 계십니다. 정말로 안타깝지만 호세아가 부르짖던 이스라엘 백성의 마음 상태, 그리고 주님이 촛대를 옮기겠다고 경고하시는 계시록의 그 상태가 바로 지금 시대를 살아가는 그리스도인의 상태입니다.

다른 누가 아닌, 지금 이 말씀을 듣는 우리가, 바로 돌아가야 할 자입니다.

우리의 겉모습이 어떠하든, 지금 교회를 다니고 있든 아니든 간에, 우리의 마음이 예전 같지 않다면, 더 이상 주님의 사랑이 기억나지 않는 믿음이라면 그 모습 그대로라도 괜찮습니다. 그저 주님께로, 그런 우리마저 안아주시고 다시 사랑을 부어주시는 주님의 품으로 돌아오십시오.

"나의 의인은 믿음으로 말미암아 살리라 또한 뒤로 물러가면 내 마음이 그를 기뻐하지 아니하리라 하셨느니라 우리는 뒤로 물러가 멸망할 자가 아니요 오직 영혼을 구원함에 이르는 믿음을 가진 자니라" – 히브리서 10장 38–39절

이제 여호와께로 돌아갑시다. 우리를 지금도 기다리시는 주님의 품으로, 두 팔 벌려 환영해 주시는 아버지의 품으로, 은혜의 십자가 앞에 나아갑시다.

2. 하나님의 사랑의 채찍을 경험한 사람

호세아 6장 1절의 말씀을 다시 보겠습니다.

"오라 우리가 여호와께로 돌아가자 여호와께서 우리를 찢으셨으나 도로 낫게 하실 것이요 우리를 치셨으나 싸매어 주실 것임이라" – 호세아 6장 1절

이 말씀은 언뜻 보면 상처 입은 우리를 하나님께서 치유해주신다고 위로하는 말씀 같습니다. 하지만 1절에는 '우리를 찢으시는 하나님', '우리를 치시는 하나님'이 먼저 나

옵니다. 자녀를 키우다 보면 너무나 사랑하지만 오히려 사랑하기 때문에 자녀를 징계해야 하는 순간이 있습니다.

하나님도 그와 같은 마음으로 우리에게 채찍을 드실 때가 있습니다.

"사랑의 하나님이 어떻게 사랑하는 자녀에게 채찍을 들 수 있는가?"라는 의문이 생길 수도 있지만 바로 사랑하는 자녀이기에 채찍을 들어야만 하는 순간이 있습니다.

> "또 아들들에게 권하는 것 같이 너희에게 권면하신 말씀도 잊었도다 일렀으되 내 아들아 주의 징계하심을 경히 여기지 말며 그에게 꾸지람을 받을 때에 낙심하지 말라 주께서 그 사랑하시는 자를 징계하시고 그가 받아들이시는 아들마다 채찍질하심이라 하였으니 너희가 참음은 징계를 받기 위함이라 하나님이 아들과 같이 너희를 대우하시나니 어찌 아버지가 징계하지 않는 아들이 있으리요" – 히브리서 12장 5-7절

하나님이 사랑하는 자녀이기에 하나님은 우리에게 채찍을 드셨습니다. 하나님의 징계를 경험한 적이 있다면 그 사실이 아직 하나님께 우리가 속해 있음을 증명해주는 것입니다. 자녀를 향한 하나님의 징계는 죄를 심판하려는 목적이 아닌 들어온 죄를 물리치려는 목적입니다. 즉, 죄를 제거하기 위한 징계이지 죄인을 제거하기 위한 징계가 아니라는 사실을 먼저 분명히 기억해야 합니다.

> "이스라엘 자손들아 여호와의 말씀을 들으라 여호와께서 이 땅 주민과 논

쟁하시나니 이 땅에는 진실도 없고 인애도 없고 하나님을 아는 지식도 없고 오직 저주와 속임과 살인과 도둑질과 간음뿐이요 포악하여 피가 피를 뒤이음이라 그러므로 이 땅이 슬퍼하며 거기 사는 자와 들짐승과 공중에 나는 새가 다 쇠잔할 것이요 바다의 고기도 없어지리라" – 호세아 4장 1–3절

말씀을 잊고, 하나님을 외면하는 사람은 오직 악을 행하며 살아갈 수밖에 없습니다. 지금 우리의 마음에는 어떤 것이 자리 잡고 있습니까? 하나님의 말씀과 사랑이 담겨 있습니까? 아니면 하나님의 징계를 부르는 여러 가지 유혹과 즐거움들로 가득 차 있습니까? 인생이 아무리 풍족해도, 현실이 아무리 만족스러워도, 하나님을 잊고, 마음속에 믿음이 없다면 호세아 시대의 이스라엘 백성들처럼 결국 하나님의 강한 징계를 맞게 됩니다.

우리나라 사람들이 자주 쓰는 말 중에 "좋은 말로 할 때 돌아와라"라는 말이 있습니다. 하나님은 지금 우리에게 이렇게 말씀하고 계실지도 모릅니다.

하나님의 징계를 받기 전에 돌아오십시오.
하나님이 징계를 내리기 전에 돌아오십시오.
회개하고 돌아만 온다면 하나님은 언제든지
우리를 받아주십니다.
상처를 낫게 하시며 다시 안아주시는 주님의
사랑스러운 자녀로 다시 돌아오십시오.

3. 하나님의 도우심을 경험하고자 하는 자

인간은 누구나 하나님의 도우심 없이는 살아갈 수 없습니다. 하나님을 아직 모른다면 그분의 도우심을 경험하기 위해 그 품 안으로 돌아가야 하며, 하나님을 알고 있다면 우리를 살게 했던 그 은혜를 구하러 더더욱 돌아가야 합니다.

"그러므로 우리가 여호와를 알자 힘써 여호와를 알자 그의 나타나심은 새벽 빛 같이 어김없나니 비와 같이, 땅을 적시는 늦은 비와 같이 우리에게 임하시리라 하니라" – 호세아 6장 3절

하나님께 돌아가기에 늦은 때는 없습니다.

새벽빛같이 생각보다 이른 때도, 늦은 비와 같이 이미 늦었다고 생각될 때도 하나님은 우리에게 임하십니다. 새벽빛같이 임하시는 주님으로 인해 새로운 아침을 맞이할 수 있습니다. 또한 늦은 비는 가문 땅을 촉촉하게 해주는 더 달콤한 은혜의 '봄비'입니다. 비록 죄로 인해 우리를 징계하셨지만 하나님은 우리와 함께하시며 우리를 도우시겠다고 분명하게 말씀으로 약속하셨습니다.

호세아는 하나님께 돌아와서 하나님을 알자고 이스라엘 백성들을 초청했습니다. 하나님이 우리의 삶에 임재할 때 하나님의 도우심을 경험하며 그로 인해 성령님이 하시

는 일을 깨닫게 됩니다. 이 단순하지만 진리인 내용은 호세아서에만 수차례 언급됩니다. 그만큼 중요한 일이기 때문입니다. 하나님의 음성이 들리지 않아도, 삶의 빛이 보이지 않아도 우리는 하나님의 도우심을 구하며 나아가야 합니다. 오히려 보이지 않기에 더욱 노력해야 합니다.

신령과 진정을 다하는 참된 예배로,

매일 묵상과 기도로 시작하는 큐티로,

구역예배, 혹은 목장예배로,

새벽기도, 그리고 관계 전도를 통해…

하나님이 원하시는 일을 함으로 우리는 하나님의 도우심을 구해야 합니다.

하나님은 마술 램프처럼 몇 번 문지르면 갑자기 나타나서 우리가 바라는 것을 무작정 들어주시는 분이 아닙니다. "그러므로 우리가 여호와를 알자 힘써 여호와를 알자"라는 호세아의 말처럼 모든 힘과 열정을 주님께 쏟아야 합니다. 우리에겐 더 이상 지체할 시간이 없습니다. 속히 돌아오십시오.

따릅시다, 예수님을

신앙생활을 하는 사람에게는 너무도 뻔한 질문을 한 번

드리겠습니다.

"예수님은 누구신가요?"

"예수님이 누구라고 생각하십니까?"

예수님이 빌립보의 가이사랴 마을에 가셨을 때 제자들에게 이런 질문을 하셨습니다.

"예수와 제자들이 빌립보 가이사랴 여러 마을로 나가실새 길에서 제자들
에게 물어 이르시되 사람들이 나를 누구라고 하느냐" – 마가복음 8장 27절

이 질문에 제자들은 "요한, 엘리야, 선지자…"등 세상 사람들이 생각하는 예수님을 말했습니다.

그러자 예수님은 한 번 물으셨습니다.

"또 물으시되 너희는 나를 누구라 하느냐 베드로가 대답하여 이르되 주는
그리스도시니이다 하매" – 마가복음 8장 29절

예수님께 중요했던 것은 따르는 제자들의 생각이었습니다.

"그렇다면 너희는 나를 누구라고 생각하느냐?"

주님은 지금 우리에게도 동일하게 이 질문을 던지고 계십니다.

지금 이 순간 우리에게 예수님은 누구십니까?

우리의 구세주이십니까?

우리의 주님이십니까?

우리가 구원을 확신한다면, 예수님을 통한 신앙의 고백을 분명히 드릴 수 있다면 이 질문에 조금의 망설임도 없어야 합니다. 사망에서 구원해주신 구원자로 예수님을 인정하고, 우리의 삶 전체를 주장하는 주님으로 고백하며 삶을 드리는 것이 바로 구원이기 때문입니다.

그런데 예수님을 구세주로 믿고 감사하면서도 주님을 우리의 주님으로 믿고 따르지 않는 사람들이 많습니다. 예수님은 "나를 따르라"라고 우리를 부르셨고 그 음성에 순종하는 사람은 '예수님의 제자'가 되어야 합니다. 구원은 받으면서 제자로 살아가지 않을 수는 없고, 제자로 살아가며 구원받지 못할 수는 없습니다.

마가복음 8장을 보면 예수님을 따르는 많은 사람들이 나오고, 세상 사람들도 예수님을 '엘리야, 요한'처럼 범상치 않은 인물로 여기고 칭송하고 있었습니다. 그러나 예수님의 초점은 제자들에게 맞춰져 있었습니다.

"너희는 나를 어떻게 생각하느냐?"

"나를 정말로 구주로 믿느냐?"

"제자가 되어 나를 따르려 하느냐?"

예수님은 "나의 제자가 되어라!"라는 메시지를 제자들에게, 그리고 이 말씀을 오늘날 접하는 우리들에게 분명하게 던지셨습니다. 예수님을 구원자로 인정하고 고백했다면 이제 우리는 한 치의 망설임 없이 제자가 되어, 제자의 삶을 살아야 합니다. 예수님의 제자가 되려면, 예수님의 제자가 맞는지 확인하려면 다음의 두 가지 사항을 확인해야 합니다.

1. 예수님을 중심으로 살아가야 한다

"무리와 제자들을 불러 이르시되 누구든지 나를 따라오려거든 자기를 부인하고 자기 십자가를 지고 나를 따를 것이니라" – 마가복음 8장 34절

'예수님을 따르기 위해 나를 부인하는 삶'은 바로 '제자도'를 뜻합니다. 예수님의 제자로 살아가려 한다면 가장 먼저 우리의 삶의 중심을 우리가 아닌 예수님으로 바꿔야 합니다. 이것이 진정한 '자기 부인'입니다. 이 자기 부인을 사람들은 '자아를 부정하고 스스로를 미워하는 것'으로 오해합니다. 하지만 진정한 예수님이 말씀하신 진정한 자기 부인은 자신을 거부하는 것이 아니라 용서하고 용납하며 사랑하는 것입니다. 예수님이 그런 우리를 받아주셨기 때문입니다.

또한 스스로를 학대하며 고행을 일삼는 금욕주의적인 삶도 아닙니다. 하나님이 주신 은혜와 축복으로 인생을 풍

성하게 즐기는 것 역시 얼마든지 가능합니다.

또한 스스로의 삶을 포기하고 억지로 살아가는 것도 아닙니다. 하나님의 형상대로 창조하신 소중한 존재가 우리이기에 창조의 부름대로 회복되는 진정한 기쁨의 길을 따라 살아가는 것이 제자의 삶입니다.

먼저 이 사실을 이해할 때 진정한 제자의 삶을 살아갈 수 있습니다. 예수님이 말씀하신 자기 부인은 '나 중심'이란 우상숭배에서 벗어나는 것입니다. 타락한 본성대로 살고자 하는 자아의 방향을 예수님을 향하게 바꾸는 것입니다.

어린아이들은 몸에 나쁜 것을 알면서도 재밌는 일을 계속 반복하려고 합니다. 이때 부모님의 올바른 훈육이 없으면 아이는 몸도 정신도 망가지고 맙니다. '나'와 '자아'를 부인한다는 것은 바로 인간의 태생적 약점을 극복하게 우리를 진정으로 회복시키는 첫걸음입니다. '나 중심'으로 살아가는 사람은 겉으로는 예수님을 따른다고 해도 잘못된 제자의 삶을 살아가고 있습니다.

"예수께서 돌이키사 제자들을 보시며 베드로를 꾸짖어 이르시되 사탄아 내 뒤로 물러가라 네가 하나님의 일을 생각하지 아니하고 도리어 사람의 일을 생각하는도다 하시고" – 마가복음 8장 33절

베드로는 예수님을 누구보다 열성적으로 따르던 제자

였지만 하나님의 일이 아닌 세상의 일, 조금 더 직설적으로 말하면 '자신의 기준'을 생각하며 따랐습니다. 예수님을 가장 가까이에서 섬기던 베드로도 이와 같은 실수를 했습니다. 스스로를 높이고, 잘난체하고, 인정받기를 갈구하는 것이 인간의 본성이기 때문입니다. 과거에도 그랬지만 지금은 훨씬 더 이기적인 세상이 되었고 시간이 흐를수록 이런 경향은 점점 더 심해질 것입니다.

신학자이자 기독교 심리학의 거장인 폴 비츠는 이런 현상을 두고 "우리 시대의 가장 무서운 종교이자 두려운 이단은 자기 숭배라는 종교이다"라고 말했습니다.

하나님의 창조물인 자녀로서의 우리를 소중히 여기되 자아 중심적인 삶을 극복해내는 것이 무엇보다 가장 중요한 제자의 덕목입니다. 온전한 자기 부인은 단 한 번의 고백으로 이루어지는 것이 아니라 "날마다 하나님을 따르겠다"라고 고백하는 열정의 노력과 고백으로 가능한 일입니다.

먼저 그 나라와 의를 구하십시오.
날마다 주님을 구주로 고백하며 거짓된 자아가 아닌 하나님이 창조하신 진정한 우리의 모습을 회복하십시오.

2. 예수님께 완전히 항복해야 한다

"또 무리에게 이르시되 아무든지 나를 따라오려거든 자기를 부인하고 날마다 제 십자가를 지고 나를 따를 것이니라" - 누가복음 9장 23절

예수님은 "날마다 주님의 십자가를 지고 따르라"라고 말씀하셨습니다. 예수님의 제자가 되기 위해선 스스로를 부인하고 주님을 따르겠다는 단 한 번의 고백이 아니라 '매일의 고백'이자 결단이 필요합니다. 오늘 하루를 주님께 항복하며 주님의 뜻을 따르겠다는 고백이 매일 이루어져야 예수님의 제자가 될 수 있습니다. 바울은 예수님의 이 가르침을 누구보다도 제대로 이해하고 실천하던 사도였습니다.

"형제들아 내가 그리스도 예수 우리 주 안에서 가진 바 너희에 대한 나의 자랑을 두고 단언하노니 나는 날마다 죽노라" - 고린도전서 15장 31절

우리를 위해 죽으시고 부활하사 구원을 이루신 예수님처럼 날마다 주님께 항복하고 나아갈 때 제자의 삶을 살아가게 됩니다. 자아에 대해서 죽은 자로 여길 때 예수님이 생명을 주시고, 죄에 대해서 죽은 자로 여길 때 하나님의 은혜가 임합니다. 스스로를 부인하고, 자아를 포기할 때 진정한 우리의 모습으로 하나님이 회복시키시고 세워주시는 놀라운 구원의 원리입니다.

우리의 힘으로는 도저히 이겨낼 수 없는 죄와 욕심을 예수님의 십자가에 못 박아야 합니다. 스스로는 이런 일을 할 수 없음을 고백하며 항복해야 합니다. 주님의 은혜로 이제 죄의 도구가 아니며, 죄를 위해 살아가는 예전의 모습이 아님을 선언해야 합니다.

우리의 약함을 인정하고 모든 것을 주님께 맡기며 나아가는 삶이 바로 예수님께 항복하는 삶입니다. 그리고 제자의 삶입니다. 이 원리를 깨달은 예수님의 제자들은, 그리고 초대교회 성도들은 때론 고난도, 죽음도, 순교도 받아들였습니다. 그 길이 진정한 삶을 얻는 길이며, 영혼을 살리는 길이며, 인생을 회복하는 길이라는 것을 예수님의 발자취를 좇으며 누구보다 절실히 깨달았기 때문입니다.

"너는 나의 제자가 되겠느냐?"
주님은 다시 한번 우리에게 묻고 계십니다.
날마다 두 손을 들고 주님 앞에 나아갑시다.
모든 것을 포기하며 모든 것을 얻는 예수님의 제자가 됩시다.
스스로를 부인하며 매일 예수님께 항복하며 나아가는 사람은 더 이상 복음을 부끄러워하지 않습니다.
"누구든지 이 음란하고 죄 많은 세대에서 나와 내 말을 부끄러워하면 인자도 아버지의 영광으로 거룩한 천사들과 함께 올 때에 그 사람을 부끄러

워하리라" – 마가복음 8장 38절

주님을 부끄러워하고, 주님의 말씀을 부끄러워하는 사람은 예수님의 제자가 될 자격이 없습니다. 마지막으로 다시 한번 묻겠습니다.

우리는 예수님의 참된 제자입니까?
예수님은 우리의 구주이십니까?
우리는 주님을, 복음을 부끄워하지 않습니까?
세상 속에서 당당히 드러내며 전하고 있습니까?

예수님만이 참된 구원자이며,
복음만이 세상의 유일한 해답입니다.
하나님의 영광에 참예하는 참된 제자가 되십시오!

오십니다, 예수님은

복음에는 세 가지 핵심이 있습니다.
1. 만물의 창조자이자 주관자가 하나님이심.
2. 예수님이 우리를 구원하기 위해 이 땅에 오심.
3. 부활하사 승천하신 예수님이 마지막 날에 다시 오심.

복음을 믿는다는 것은 이 세 가지 사실이 모두 진짜임을 믿고 그 말씀대로 살아가겠다는 결단입니다. 저는, 성경은 우리를 향한 하나님의 초대라고 말씀드렸습니다. 그런데 이 초대가 마침내 끝나는 순간이 찾아옵니다.

> "이것들을 증언하신 이가 이르시되 내가 진실로 속히 오리라 하시거늘 아멘 주 예수여 오시옵소서 주 예수의 은혜가 모든 자들에게 있을지어다 아멘" – 요한계시록 22장 20-21절

성경의 가장 마지막 구절인 이 말씀은 정말로 중요한 말씀입니다. 이 말씀은 주님의 마지막 약속이자, 마지막 초청입니다.

> "나 예수는 교회들을 위하여 내 사자를 보내어 이것들을 너희에게 증언하게 하였노라 나는 다윗의 뿌리요 자손이니 곧 광명한 새벽 별이라 하시더라" – 요한계시록 22장 16절

하나님이 보내주신 초대장을 받은 '교인'들만이 이 세상의 마지막 때에 진정한 초청을 받습니다. 이 교인들이 맡은 사명은 '복음 전파'라는 사실이 다시 한번 드러납니다. 또한 이 말씀은 더 이상의 기회가 남아 있지 않은 하나님의 마지막 초청입니다.

> "성령과 신부가 말씀하시기를 오라 하시는도다 듣는 자도 오라 할 것이요 목마른 자도 올 것이요 또 원하는 자는 값없이 생명수를 받으라 하시더라" – 요한계시록 22장 17절

교회는 하나님의 이 말씀이 정말로 이루어지는 진실임을 믿어야 합니다. 또한 주님의 초청에 "아멘"으로 응답해야 합니다. 이 말씀을 정말로 믿고, 우리의 삶에서 이루어지리라 믿는다면 단순한 입술의 고백이 아닌 행실의 고백으로 이루어져야 합니다.

예수님을 마음의 구세주로 영접하는 구원의 역사가 이루어져야 하며, 동일한 역사가 다른 사람에게도 이루어지기를 바라는 마음으로 선교해야 합니다.

주님이 다시 오실 것을 믿고, 그때 모든 것이 끝난다는 것을 믿는 사람은 주님의 명령대로 따르며 살아가야 합니다. 세상의 마지막 때에 많은 재물과 권력이 무슨 소용이 있겠습니까?

주님이 오시는 날은 그야말로 세상의 종말, 이 땅에서의 모든 것이 끝나는 날입니다. 이날을 믿고 기다리는 사람들이 그리스도인이기 때문에 모든 그리스도인은 종말론적인 인생을 살아가는 사람들입니다. 그러나 종말론적인 시각으로 모든 것을 포기하며 무력한 삶을 사는 사람들은 아닙니다. 끝이 온다는 사실을 알고 있기에, 이것이 하나님의 마지막 초대라는 사실을 알고 있기에, 누구보다 더 열심히 맡겨주신 사명을 위해 헌신하며 살아가야 합니다.

예수님은 분명히 다시 오시며, 그날이 세상의 끝이기에 예수님은 사도 요한에게 세상의 종말을 보여주심으로 성경에 기록하게 하셨습니다.

성경이 믿어지는 구원의 은혜를 받은 우리도 이제 이 사실의 증인입니다. 이 사실은 남이 보지 못한 것이며 또한 반드시 일어날 것입니다. 다시 오실 주님은 초대를 거부한 사람에게는 세상의 종말이지만 제자가 되어 사명자로 살아가는 사람들에게는 구원의 완성입니다. 하나님의 영광이 온 땅에 가득할 그날을 위해 우리는 이 일에 증인이 되어야 하며, 사명자의 삶을 감당해야 합니다.

우리의 신앙 고백은 '다시 오실 예수님'을 향해서까지 이어져 있습니까?
세상의 끝에 결국 찾아온다는 예수님의 재림을 두려움 없이 순전한 기쁨으로 맞이할 수 있습니까?
그렇게 할 수 없다면 더 늦기 전에 결단하십시오.

돌아갑시다, 예수님께!
따릅시다, 예수님을!
오십니다, 예수님은!
마지막 때에 다시 세상에 오시겠다는 주님의 말씀에 우리는 두려움 없이 다음과 같이 고백해야 합니다.
"아멘! 주 예수여, 오시옵소서!"

3

한계를 넘어서려면

한계는 끝이 아니다

영어로 한계를 뜻하는 'Limit'는 '끝자락'이라는 어원에서 나옵니다. 벼랑 끝에서 한 발만 디뎌도 바로 떨어지듯이 도저히 더 이상한 한 발짝도 내디딜 수 없는 지점이 바로 한계입니다.

'선을 넘는다'는 말처럼 세상에는 결코 넘어서면 안 되는 한계도 있습니다. 세상의 법, 양심에 찔리는 일들은 무조건 선을 지켜야 하는 가치입니다. 그러나 우리가 가진 능력에 대해서는 하나님이 주신 달란트와 능력이 측량할 수 없음에도 불구하고 우리는 너무 쉽게 한계를 규정하고는 합니다.

"저 사람의 한계는 저기까지야."
"여기가 내 한계야."

다른 사람의 한계뿐 아니라 스스로의 한계를 우리는 너무도 쉽게 평가하고 포기합니다. 사실 그 한계를 깰 충분한 능력을 하나님이 주셨음에도 그 사실을 모르고, 혹은 억지로 외면한다면 몇십 년 동안 깨지지 않았던 '마의 기록'처럼 제대로 된 도전과 노력 한 번 해보지 못하고 우리의 짧은 생은 끝나고 맙니다. 어떤 일에 있어 정말 한계라고 느껴지는 순간에는 스스로에게 다음과 같은 질문을 던져보십시오.

누가 정한 한계인가?
이대로 살아도 아무런 불만이 없는가?
예수님과 함께 다시 한번 도전해 볼 열정이 있는가?
"그런즉 심는 이나 물 주는 이는 아무 것도 아니로되 오직 자라게 하시는 이는 하나님뿐이니라" – 고린도전서 3장 7절

우리의 한계는 오로지 하나님만이 정하실 수 있습니다.
성도들은 사명을 다하는 날까지 자라게 하실 주님을 믿고 열심히 말씀의 씨앗을 심고 기도로 물을 주며 성장함으로 열매를 맺고자 하는 삶을 살아가야 합니다.

먼저 우리가 가진 한계가 무엇이며, 그 한계를 극복하기

위해서 어떤 믿음이 필요하지를 파악해야 합니다. 우리는 육체를 가진 인간이기에 하늘을 날 수 없습니다. 또한 아무리 구원받고 변화되었다 하더라도 예수님처럼 어떤 죄도 짓지 않고 거룩한 삶을 살아갈 수도 없습니다.

그러나 이런 육적, 영적인 한계에도 여전히 우리를 들어서 사용하시는 하나님이심을 믿을 때 적어도 스스로 규정한 한계보다 육체적으로, 그리고 영적으로 성장하며 더 크게 쓰임 받는 그리스도인으로 살아갈 수 있게 됩니다.

구원받은 그리스도인이라는 사실 자체로 우리는 이미 한계선을 넘은 사람입니다.

죄의 한계선을 넘어 구원받았고,

심판의 한계선을 넘는 은혜를 받았고,

죽음의 한계선을 넘어 영생을 받았고,

세상 사람처럼 운명을 따르고 팔자를 따지며 살지 않고

하나님이 주시는 능력으로 살아가기 때문입니다.

하나님은 우리의 부족한 모든 것을 채워주시고, 우리를 들어 귀하게 쓰신다고 이미 분명히 약속하셨습니다.

우리는 스스로의 한계를 극복하기를 진정으로 원합니까?

힘을 주시고, 한계를 극복하게 하실 능력이 주님께 있음을 믿습니까?

그렇다면 남은 것은 우리의 선택뿐입니다.

고통이라는 섭리

선하신 하나님이, 나를 구원하신 하나님이, 도대체 왜 감당하지 못할 것 같은 고난을 주시는 걸까요?

요셉은 하나님이 고통을 주시는 이유를 다음과 같이 고백했습니다.

"당신들은 나를 해하려 하였으나 하나님은 그것을 선으로 바꾸사 오늘과 같이 많은 백성의 생명을 구원하게 하시려 하셨나니" – 창세기 50장 20절

요셉은 남부러울 것 없는 거부의 귀여움을 독차지하는 막내아들로 남부러울 것 하나 없는 인생을 살다가 형제의 손에 목숨을 잃을 뻔했습니다. 그마저도 목숨만 부지한 채 노예 상인에게 팔려가 죽도록 고생을 했고, 간신히 인생이 좀 피나 싶더니 누명을 쓰고 감옥에 갇히는 기구한 삶이 었습니다. 롤러코스터 같은 우여곡절을 겪고 나서 자신을 죽이려고 한 원수 같은 형을 만났을 때 요셉은 자신이 겪은 모든 것이 하나님의 섭리였음을 고백하고 있습니다.

바울이 겪은 고난의 여정은 땅끝까지 하나님의 복음을 이루기 위해 반드시 필요한 일이었습니다.

예수님도 십자가의 고난을 당하지 않으셨다면 죄인 된 우리에게 구원을 주실 수 없었을 것입니다.

고난이 하나님의 선물이라고요?

고난이 하나님 섭리 가운데 일어날 수 있는 일이라고요?

하나님을 믿음으로 힘든 고난을 당할 수 있다고요?

네, 그렇습니다.

요셉 같은 고난, 바울 같은 고난, 예수님 같은 고난이 찾아와도 하나님의 섭리임을 믿는 것이 바로 참된 신앙입니다.

> "사랑하는 자들아 너희를 연단하려고 오는 불 시험을 이상한 일 당하는 것 같이 이상히 여기지 말고 오히려 너희가 그리스도의 고난에 참여하는 것으로 즐거워하라 이는 그의 영광을 나타내실 때에 너희로 즐거워하고 기뻐하게 하려 함이라 너희가 그리스도의 이름으로 치욕을 당하면 복 있는 자로다 영광의 영 곧 하나님의 영이 너희 위에 계심이라" – 베드로전서 4장 12-14절

바울은 주님을 믿는 우리에게 시험도 보통 시험이 아닌 불 시험이 찾아온다고 말하고 있습니다. '마치 인생을 태우는 듯한 고통이 있는 시험'이지만 용암에 녹여가며 강철을 제련해야만 좋은 검이 나오듯 우리를 제련하기 위해서는 반드시 필요한 시험입니다.

바울의 이 편지가 쓰이고 몇 년이 지나지 않아 그리스도인들은 말 그대로 불같은 고난을 당했습니다. 로마가 불

바다가 된 책임을 떠맡고 고향과 터전이 부서지는 아픔을 겪었고 사자 밥이 될까 봐 믿음을 당당히 드러내지도 못했습니다. 그렇게 숨다 숨다 가게 된 곳이 지하 도시인 '카타콤'입니다.

이와 같은 동일한 핍박이 지금 시대를 살아가는 우리에게도 일어날지 모릅니다. 그때와 같은 대대적인 핍박은 아니라 해도 하나님을 믿고 따르는 우리 개인의 삶 속에서 이와 같은 고난은 반드시 찾아오게 되어 있습니다. 고난도 하나님의 섭리이기 때문입니다.

사도 바울의 말처럼 우리는 '찾아오는 고난'을 이상하게 여기지 말고 '당연한 섭리'로 받아들여야 합니다.

우리를 연단하기 위해서 하나님이 주시는 고통을 섭리로 여길 때 우리에겐 세 가지 유익이 찾아옵니다.

1. 고통은 기쁨이 됩니다

주님의 십자가를 믿음으로 우리는 죄에서 자유함을 얻었습니다. 즉, 구원을 받았습니다. 이제 우리가 받는 고통은 죄의 결과나 우리의 실수로 인한 것이 아니라 우리를 위해 고통받으신 주님의 십자가 고난에 참예하는 기쁨의 고통입니다.

> "믿음으로 모세는 장성하여 바로의 공주의 아들이라 칭함 받기를 거절하고 도리어 하나님의 백성과 함께 고난 받기를 잠시 죄악의 낙을 누리는 것보다 더 좋아하고 그리스도를 위하여 받는 수모를 애굽의 모든 보화보다 더 큰 재물로 여겼으니 이는 상 주심을 바라봄이라" – 히브리서 11장 24–26절

모세에게는 왕궁에서의 안락한 삶보다 광야에서 하나님을 따르는 삶이 진정한 기쁨이었습니다. 주님께 구원받은 사람은, 고난의 섭리를 깨달은 사람은, 하나님이 주시는 기쁨을 고난 가운데서도 느끼며 살아갑니다.

예수님은 인간의 모든 것을 체험하시고 극복하시기 위해 세상에 내려오셨습니다. 그 사실을 믿는 우리도 주님의 고난에 참예하는 사람이 되어야 합니다. 그리고 이러한 고통의 공감을 함께 신앙 생활하는 공동체 가운데서도 동일하게 적용해야 합니다. 하나님이 우리를 구원하시려 예수님을 이 땅에 보내셨듯이, 그 예수님을 바라보며 우리가 고통을 감내하듯이, 형제, 자매가 겪는 그 고통을 마치 우리의 아픔처럼 여기고 위로하며 기도할 때 고통 가운데 임하시는 주님으로 인해 오히려 기뻐할 수 있게 됩니다.

2. 고통은 축복이 됩니다

"사도들은 그 이름을 위하여 능욕 받는 일에 합당한 자로 여기심을 기뻐
하면서 공회 앞을 떠나니라" - 사도행전 5장 41절

예수님을 직접 뵙고 따르던 사도들은 예수님이 주신 축
복이 아니라, 예수님 때문에 받는 고난을 축복으로 여겼습
니다. 하나님이 주신 복과 세상적인 성공만을 강조하는 지
금 시대에는 오히려 이상하게 느껴질 수 있는 대목입니다.
그리스도인의 축복이란, 세상에서 예수님을 구주로 시인
하고 복음을 전하는 것뿐이지 그로 인해 받게 되는 고난
과 축복은 아무런 영향을 주지 못합니다.

우리는 우리의 이름을 높이기 위해 살고 있습니까?

주님의 이름을 높이기 위해 살고 있습니까?

예수님 편에 서서 고난도 축복으로 여기는 삶을 바라고
있습니까?

예수님을 방패로 세상에서 인정받는 삶을 바라고 있습
니까?

결과가 고난이든 축복이든 어디서든 당당하게 주님을
구주로 시인하고 전파하는 것이 성도의 사명입니다. 그 사
명을 잊지 않고 세상에서 빛과 소금의 역할을 다할 때 설
령 그 결과가 고난이라 해도 우리는 축복으로 여기며 살
아갈 힘을 얻게 됩니다.

3. 고통은 영광이 됩니다

"만일 그리스도인으로 고난을 받으면 부끄러워하지 말고 도리어 그 이름으로 하나님께 영광을 돌리라" – 베드로전서 4장 16절

그리스도인이 가져야 할 유일한 긍지는 '그리스도인'이라는 이름에 부끄럽지 않은 합당한 모습으로 살아가는 것뿐입니다. 우리가 그리스도인이라는 것을 떳떳하게 밝힘으로써 세상에서 고난을 받는다면 그 고난은 기쁨이자, 축복이자, 영광입니다. 가장 크나큰 고통인 십자가 위의 예수님이 하나님께 가장 큰 영광이 되었듯이 주님의 이름으로 겪는 고난이 클수록 우리가 하나님께 돌리는 영광의 크기도 커집니다.

신앙생활을 오래 했음에도 '고통이 없고 오로지 순탄한 것이 하나님이 주시는 영광'이라고 잘못된 생각을 하는 사람이 있습니다.

성경은 누구보다 험난했던 요셉의 삶을 '형통한 삶'이라고 말합니다. 요셉에게 험난한 고난이 없었다면 온 이집트를 다스리는 총리가 되고, 7년의 흉년에서 많은 사람을 구원함으로 세상에 하나님의 이름과 능력을 드높이는 영광도 없었다는 사실을 우리는 어떠한 순간에도 잊지 말아야 합니다.

고난이 없는 영광은 없습니다.

그것이 하나님의 섭리입니다.

달콤한 속삭임에 빠져 그릇된 길로 가지 말고,

고통이라는 하나님의 섭리를 통해

스스로 규정한 한계를 하나님과 함께 극복하십시오.

약함이 곧 강함입니다.

세상은 '약한 것'을 '패배'이자 '부끄러움'이라고 가르칩니다. 그래서 사람들은 자신의 강점이 무엇인지 모르고 약점을 감추는 일에만 급급합니다. 사실은 약점이 오히려 강점으로 작용해 약점이 없는 사람보다도 훨씬 더 크게 성공하는 경우도 많은데 말입니다.

고린도후서를 보면 사도 바울 역시 자신의 '약함'을 자랑하는 조금 이상한 고백을 합니다.

"나에게 이르시기를 내 은혜가 네게 족하도다 이는 내 능력이 약한 데서 온전하여짐이라 하신지라 그러므로 도리어 크게 기뻐함으로 나의 여러 약한 것들에 대하여 자랑하리니 이는 그리스도의 능력이 내게 머물게 하려 함이라 그러므로 내가 그리스도를 위하여 약한 것들과 능욕과 궁핍과 박해와 곤고를 기뻐하노니 이는 내가 약한 그 때에 강함이라" – 고린도후서 12장 9–10절

바울은 예수님의 제자 중 누구보다 내세울 것이 많은 사람입니다. 율법에 정통한 학자의 제자였고, 어디서나 보호

를 받을 수 있었던 로마의 시민권자였습니다. 그러나 본문에 나오는 바울의 고백은 오히려 자신의 약함을 자랑하겠다는 이해할 수 없는 고백을 합니다. 사도 바울이 말하는 약함은 '모욕, 능욕, 궁핍, 핍박, 매 맞음…'과 같이 복음을 전하다 겪는 모든 고난입니다.

지금 우리가 생각하는 스스로의 '약함'은 무엇입니까?

그 약함을 부끄러워하고 있지는 않습니까?

사도 바울은 왜 약한 것들을 자랑한다고 말했을까요?

"약한 것들을 부끄러워 할 필요가 없다. 약한 것들은 우리의 한계를 막지 못한다. 오히려 약하기 때문에 하나님의 능력을 의지하게 된다."

이것이 핵심 메시지라고 생각합니다.

사도 바울에 대해서 조금 더 깊게 들어가 보면 그는 누구보다 자랑할 것이 많았던 사람입니다.

당대 최고의 명문 대학을 나왔고, 12지파의 뼈대 있는 베냐문 가문 사람이었습니다. 바리새인의 완벽한 도덕적 생활을 살고 있었고 종교적으로도 인정받았던 지도자였습니다. 학문과 종교의 권세를 가진 사람이었지만 무엇 하나 자랑거리로 삼지 않았습니다.

회심 후에도 마찬가지였습니다.

사도 바울은 다른 제자들보다도 훨씬 더 깊고 많은 영적 체험을 했습니다. 다메섹 도상에서 하나님을 만난 것부터,

주님의 환상을 보고, 계시의 말씀을 받고, 천국을 구경하는 은혜까지 입었지만 이중 무엇하나 드러내거나 자랑하지 않았습니다. 오히려 자신의 약함을 자랑했습니다.

성경에서 언급한 것도 자랑을 위해서가 아니라 사도권의 인정과 영적 권위를 세우기 위해 체험을 하고 난 뒤 10년이 훌쩍 지난 뒤에 지극히 짧게만 언급했을 뿐입니다.

지금 우리가 내세울 수 있는 자랑거리는 무엇이 있습니까?

또 누가 알게 될까 봐 걱정되는 약점을 몇 가지나 가지고 있습니까?

혹여 자랑거리는 하나 없이 약점만 가득하다고 해도 아무런 걱정할 필요가 없습니다. 우리의 약함을 자랑하면 되기 때문입니다.

약함은 우리의 한계가 아닙니다.

약함은 우리의 삶을 제압할 수 없습니다.

그렇기 때문에 우리의 약함을 스스럼없이 자랑스럽게 고백할 수 있습니다.

우리는 스스로의 힘으로 살아가는 사람들이 아니기 때문입니다.

이 약함을 자랑하는 삶,

이 약함에도 쓰임 받는 삶,

이 삶이 바로 그리스도인의 삶입니다.

그렇다면 도대체 바울은 왜 그 많은 자랑거리를 놓고 부득이 '약함'을 자랑했을까요? 또한 우리는 어떻게 해야 우리의 약함을 부끄러워하지 않을 수 있을까요?

약함을 통해 얻을 수 있는 세 가지 보물이 무엇인지 알면 됩니다.

(1) 첫 번째 보물, 겸손입니다

"여러 계시를 받은 것이 지극히 크므로 너무 자만하지 않게 하시려고 내 육체에 가시 곧 사탄의 사자를 주셨으니 이는 나를 쳐서 너무 자만하지 않게 하려 하심이라" – 고린도후서 12장 7절

사도 바울은 자신의 몸에 '사탄의 사자'라고까지 표현할 정도의 약점인 '육체의 가시'가 있다고 고백했습니다. 이 가시가 무엇인지는 여러 의견이 있습니다. 다시 회복됐지만 다메섹 도상에서 눈이 멀었었고, 갈라디아서 4장 15절에서 "너희 눈이라도 빼서 나를 주었을 것"이라는 말을 한 것으로 유추해 '눈의 질환'이라는 분석도 있습니다. 그리고 여러 서신에 나오는 대로 육체의 욕망과 정욕이라는 분석도 있습니다. 그러나 바울의 초점은 다른 곳에 맞춰져 있었습니다. 그 심대한 약점을 통해 오히려 겸손할 수 있었기 때문에 하나님께 불평이 아닌 감사를 드렸습니다.

이 가시가 어찌나 고통스러웠는지 바울은 하나님께 낫게 해달라고 세 번이나 기도했습니다. 그러나 하나님은 요지부동이셨습니다. 바울이 얼마나 답답했을까요? 얼마나 억울했을까요? 많은 기사와 이적을 체험하고 오로지 복음을 전하다가 죽을 뻔한 고비를 몇 번이나 넘겼는데 하나님은 그 가시를 끝까지 빼주지 않으셨습니다. 이러한 인고의 시간을 거쳐 바울은 마침내 그 이유를 알았습니다.

보고 들은 영적 체험이 누구보다 컸던 자신이 교만하지 않고 겸손을 유지할 수 있는 가장 좋은 방법이 '가시'였던 것입니다. 가시는 분명 사도 바울에게 너무나 괴로운 약점이었습니다. 그러나 교만함으로 넘어지는 것보다는 백 배, 천 배 나은 선택이었습니다.

교만하면 넘어집니다.
교만하면 패망합니다.
교만하면 사탄의 도구가 됩니다.

오히려 육체의 가시로 인해 겸손함으로 이런 모든 수렁에서 하나님은 건져주신 것입니다. 하나님은 바울의 몸에 박혀 있는 가시를 빼주지 않았던 것이 아니라 박혀 있게 허락하셨습니다. 가시는 오히려 바울을 향한 하나님의 선하신 손길이었습니다.

바울의 가시 못지않은 약함이 우리에게도 있을 수 있습

니다.

그 가시로 인해 하나님을 원망하고, 남을 원망합니다.

그 가시로 인해 자포자기할 때도 있습니다.

그 가시가 부끄러워 숨기거나 애써 모른척하기도 합니다.

하지만 그 가시가 때때로 하나님이 주신 겸손이란 축복이라는 사실을 알아야 합니다.

(2) 두 번째 보물, 은혜입니다

"나에게 이르시기를 내 은혜가 네게 족하도다 이는 내 능력이 약한 데서 온전하여짐이라 하신지라 그러므로 도리어 크게 기뻐함으로 나의 여러 약한 것들에 대하여 자랑하리니 이는 그리스도의 능력이 내게 머물게 하려 함이라" – 고린도후서 12장 9절

이 구절의 전반부는 '주님의 말씀'입니다. 하나님이 바울을 깨닫게 하시려고 해주신 말씀입니다. 후반부는 그 은혜를 깨달은 바울의 고백입니다. 하나님은 바울에게 이렇게 말씀하셨을 것입니다.

"네 삶은 은혜다!"

"그 은혜로 살아라!"

어째서 약점이 은혜가 됩니까?

은혜란 받을 자격이 없는 사람이 누리는 호의입니다. 우리의 약함을 통해 우리가 누리는 은혜의 원천이 어딘지를

깨달을 수 있습니다. 우리의 삶은 실존이기에 구원받은 성도라 하더라도 언제나 세상에서의 삶과 하나님의 은혜가 공존합니다. 약점은 이런 혼란한 상황 속에서 우리가 어디를 의지해야 하는지를 알게끔 도와줍니다.

약점으로 인해 이 순간에서 살아감이
은혜인 것을 알게 됩니다.
이 땅의 고통으로 인해 하나님의 낙원을 경험했던 것이
은혜임을 알게 됩니다.
이 땅의 고통으로 인해 천국의 기쁨이
은혜임을 알게 됩니다.
이 땅의 고통으로 인해 하나님이 주신 영광이
은혜임을 알게 됩니다.
내가 살아가며, 구원받고, 성장하며, 승리하는 모든 것이 은혜라는 사실을 '고통'을 통해 알게 되는 것입니다.
오늘 우리에게 허락된 '약함들'이 하나님이 주신 은혜의 풍성함을 느끼게 해주는 도구의 역할을 한다면 이것이 보물이 아니면 무엇이겠습니까?

(3) 세 번째 보물, 하나님의 능력입니다

"그러므로 내가 그리스도를 위하여 약한 것들과 능욕과 궁핍과 박해와 곤고를 기뻐하노니 이는 내가 약한 그 때에 강함이라" – 고린도후서 12장 10절

바울은 자신의 능력이 약하기 때문에 오히려 완전해진다고 9절에서 고백했습니다. 손이 닿지 않는 곳에 물건이 있을 때 자녀는 부모에게 도움을 청합니다. 자신은 할 수 없지만 엄마, 아빠는 할 수 있기 때문입니다. 너무나도 간단한 이 원리가 우리의 신앙생활에도 동일하게 적용됩니다.

우리는 할 수 없지만, 주님은 하실 수 있습니다.

우리는 약하지만, 강하신 주님은 하실 수 있습니다.

우리가 약함으로 인해 하나님을 의지한다면 하나님은 완전한 능력으로 우리를 도와주십니다. 우리의 약함으로 인해 아무런 걱정을 할 필요가 없음은 전지전능하신 주님께서 우리의 주님이시기 때문입니다. 세상의 그 누구도 하나님보다 강한 사람은 없습니다. 하나님은 교만하고, 강하다고 착각하는 사람들에게는 권능의 손을 펴지 않으십니다.

스스로 강하다고 하는 사람은 실제로 약한 사람이며, 스스로 약하다고 고백하는 사람은 실제로는 강한 사람입니다. 겸손하고 약함을 인정하는 사람에게 하나님은 능력을 부어주시기 때문입니다.

그리스도인들은 하나님께 "약점을 '대체(Replacement)'해 주세요"라고 기도합니다.

병 대신 건강을 달라고, 고통 대신 형통을 달라고, 약함 대신 강함을 달라고….

하지만 약함의 능력을 깨달은 성도들은 대체가 아닌 '변화(Change)'를 위해 기도해야 합니다.

병을 통해 사용해 달라고, 고통을 통해 역사해 달라고, 약함으로 강함을 달라고….

3중고의 천사 헬렌 켈러와 악성 베토벤은 치명적인 장애를 안고도 자신의 사명을 완수한 사람들입니다. 헬렌 켈러는 3중고의 장애에도 수많은 사람들에게 감동을 주며 여성과 장애인들의 인권을 향상시켰고, 베토벤은 귀가 먹은 상태에서 오히려 귀가 들리던 시절보다 더 훌륭한 곡들을 완성했습니다. 약점을 그대로 두고도 얼마든지 더 강력한 능력을 발휘할 수 있습니다.

이 힘을 아는 사람들은 세상의 그 어떤 고통과 약점 가운데서도 놀랄만한 일들을 해낼 수 있습니다. 바울은 그 힘을 아는 사람이었습니다. 바울이 약함을 인정하고 받아들였던 것처럼 우리도 약함을 인정함으로 하나님의 능력을 힘입어 살아갈 수 있습니다.

우리의 약함으로 겸손할 수 있습니다.
우리의 약함으로 은혜를 깨달을 수 있습니다.
우리의 약함으로 하나님의 능력을 체험할 수 있습니다.

하나님이 주신 '약점'이란 보물을 오히려 세상에서 자랑하십시오,

과거에서 해방되십시오

아메리카 인디언들에게는 희한한 풍습이 하나 있습니다.

자기 힘으로 감당하기 힘든 '분노, 슬픔, 낙심'을 겪은 사람은 한밤중에 마을에서 멀리 떨어진 곳으로 떠납니다. 그곳에서 땅에다 구멍을 판 뒤 입에 담지 못할 욕설을 하기도 하고, 자신이 얼마나 힘든지 울분을 토하기도 하고, 아무 말 없이 엉엉 울기도 합니다. 구덩이에 울분을 토한 뒤에는 흙으로 다시 덮습니다. 마을로 돌아온 인디언은 다시 그 일을 떠올리지 않습니다. 억울하고 슬픈 일, 그에 대한 감정까지도 바닥에 묻어두고 왔기 때문입니다.

중세 유럽에도 이와 비슷한 풍습이 있었습니다.

12월 31일이 되면 사람들은 한 해 동안 힘들게 한 물건들, 잊고 싶은 일들을 적어서 창밖으로 던져버립니다. 그러고는 한바탕 웃으며 창문을 내립니다. 싫은 일들은 모두 벗어버리고 새해에는 웃을 일만 생겼으면 하는 바람을 담

은 풍습입니다.

이처럼 과거보다는 현재가 중요하다는 것을 모르는 사람은 한 명도 없습니다. 과거는 이미 지나왔기에 어쩔 수 없지만, 현재 하는 일은 우리의 미래를 만들기 때문입니다. 그러나 안타깝게도 너무 많은 사람들이 미래가 아니라 과거에 매인 오늘을 살아갑니다. 대부분의 사람들이 과거에 매여 스스로의 한계를 제한하며 답습된 하루를 반복하며 살아갑니다.

당신이 어떤 일을 겪었는지 저는 모릅니다. 발버둥 쳐도 도저히 벗어나기 힘든 경험일 수도 있습니다. 그럼에도 제가 분명히 말씀드릴 수 있는 사실이 한 가지 있습니다.
"나의 오늘을 과거가 지배하고 있다면, 나의 미래도 과거에 지배될 것이다."

미래를 위해 살아가고 있습니까?
아니면 과거에 매여서 살아가고 있습니까?
과거에 매여서 사는 사람은 '성인 아이'로 살아가는 것입니다. '성인 아이'는 심리학적으로 사용되는 용어입니다. 내면의 약점이나 트라우마를 극복하지 못한 채 자란 사람은 사업에 성공을 했든, 유명한 스타가 됐든 정신의 깊숙한 부분은 성장하지 못한 채 어린아이의 모습 그대로 남아있습니다. 마치 영원히 어른이 되지 않는 '피터팬'과 같기에 '피터팬 증후군'이라고도 불립니다.

영적으로도 마찬가지입니다.

우리의 신앙과 믿음이 과거에 극복하지 못한 약점, 상처에 얽매여 있다면 아무리 신앙생활을 오래 한다 해도 우리의 영적인 상태는 '아이'의 모습으로 남아있게 됩니다. 과거에 매여있는 사람은 한계를 벗어날 수 없습니다.

우리는 과거로 인해 어떤 상처를 안고 살아가고 있습니까?

그 상처는 우리에게 어떤 약점이 되고 있습니까?

어린 시절의 상처, 마음속의 부인, 자기 혐오, 채우지 못한 억울함, 용서할 수 없는 누군가, 실패에 대한 체념, 복수심….

이런 부정적인 과거로부터 벗어나지 못하면 한계를 벗어나는 것은 고사하고 인생을 끔찍하게 망치게 됩니다. 하나님은 우리에게 어떤 과거를 기억하고, 어떤 과거는 잊어야 하는지를 분명하게 말씀해주십니다.

"너희는 이전 일을 기억하지 말며 옛날 일을 생각하지 말라" – 이사야 43장 18절

이 말씀 바로 앞 절에는 하나님이 애굽에서 탈출시킨 이스라엘 백성이 언급됩니다. 하나님이 선택하신 민족이 아니고서는 경험할 수 없는 놀라운 과거지만 하나님은 그마

저도 기억하지 말고, 생각하지 말라고 말씀하셨습니다. 열 가지 재앙이 내리고, 홍해가 갈라지고, 구름 기둥과 불기둥의 인도를 받으며 약속의 땅으로 인도받은 자랑스러운 과거를 왜 하나님은 기억하지 말라고 하셨을까요?

"보라 내가 새 일을 행하리니 이제 나타낼 것이라 너희가 그것을 알지 못하겠느냐 반드시 내가 광야에 길을 사막에 강을 내리니" – 이사야 43장 19절

하나님이 이제 행하실 새 일이 있기 때문입니다.

그 일은 과거 노예 생활에서 해방시켜 주려고 일으키셨던 기적보다도 더 놀라울 것이기 때문입니다. 하나님이 일으킬 '새 일'을 믿고 과거라는 한계에 얽매이지 말라는 놀라운 약속의 말씀입니다.

하나님은 과거에 얽매이지 말라고 분명하게 말씀하고 계십니다. 심지어 그것이 아무리 놀라운 경험, 누구도 경험하지 못한 기적이라 해도 생각하지 말라고 말씀하십니다. 하나님의 초점은 지나간 과거가 아닌 다가올 미래에 있기 때문입니다. 그 미래는 과거와는 비교할 수 없을 정도로 더욱 놀라울 것이기 때문입니다.

"과거에 매이지 말아라!"

"과거라는 한계를 깨뜨려라!"

주님은 지금도 우리에게 말씀하고 계십니다. 과거라는 한계를 넘어서기 위해선 세 가지 사실을 알아야 합니다.

1. 과거를 정직하게 인정하라

과거는 부정한다고 사라지지 않습니다.

우리가 저지른 추악한 죄, 그 죄로 인한 부끄러운 감정들…. 하나님에게도, 사람에게도 절대 보여주고 싶지 않고 감추고만 싶은 과거지만 부끄럽다고 감추기만 해서는 과거에서 벗어날 수 없습니다.

문제를 극복하기 위해서 가장 중요한 것은 문제를 직면함으로 인정하는 것입니다. "부끄러운 과거가 존재하지 않는다"라고 자기 세뇌를 하지 말고 오히려 '저지른 과거', '그로 인해 생기는 감정들'을 솔직하게 바라보며 인정해야 합니다.

자신을 인정하지 못하는 사람은 다른 사람도 인정할 수 없습니다. 하나님은 인간을 사회적으로 만드셨기 때문에 다른 사람과 교류하지 못하는 인간은 마음이 고립되며 불신감만 커집니다.

"오른쪽을 살펴 보소서 나를 아는 이도 없고 나의 피난처도 없고 내 영혼을 돌보는 이도 없나이다" – 시편 142편 4절

다윗의 고백에서 버림받은 사람의 외로운 감정이 느껴지십니까?

자신을 인정하지 못하는 사람은 교제의 단절에서 오는 마음의 상처가 계속 쌓입니다. 하지만 과거를 인정하는 순

간 터닝 포인트가 찾아옵니다. 스스로에게 문제가 있다는 것을 깨닫는 순간 도움을 요청할 수 있기 때문입니다. 베데스다 연못의 38년 된 병자를 생각해봅시다.

38년 동안 병을 그대로 안고 살았습니다. 낫기를 간구해 연못에 나와 있었으나 스스로의 힘으로는 도저히 들어갈 수 없었습니다. 이런 병자에게 예수님은 "네가 낫고자 하느냐?"라는 뻔한 질문을 하셨습니다. 아마 저였다면 "보면 모릅니까?" 혹은 "뻔한 얘기를 무엇하러 하십니까?"라고 말했을 것 같습니다.

하물며 1년, 2년, 3년이 아닌 38년 동안 병을 앓았던 이 사람의 간절함은 우리가 생각조차 할 수 없을 정도로 깊었을 것입니다. 그러나 이 병자는 자신의 모습을 있는 그대로 주님께 고백합니다.

"몸이 아픕니다. 낫고자 합니다. 물에 들어가고 싶으나 도와줄 사람이 없습니다."

이런 솔직한 고백이 그의 병을 낫게 했습니다.

삭개오도, 우물가의 사마리아 여인도 마찬가지입니다.

이들은 먼저 자신의 과거를 예수님 앞에 낱낱이 고백합니다. 자신의 과거를 숨기지 않고, 그동안 어떻게 살았는지, 어떻게 변화되고 싶은지, 예수님을 만나 얼마나 기쁜지 가감 없이 고백합니다. 이들의 고백을 들은 예수님은 그들의 영접을 받아주셨고 한계를 극복해주셨습니다.

예수님이 찾아간 사람들은 모두가 어떤 문제를 안고 있는 사람들이었습니다.

그 문제의 대부분은 과거로부터 온 것이었습니다.

그럼에도 우리가 문제를 있는 그대로 인정하고 하나님께 고백한다면 하나님은 향한 도움의 손길을 거두지 않으십니다.

2. 과거를 수용하고 화해하라

과거를 받아들이지 못하는 이유는 크게 '하나님에 대한 분노, 자신에 대한 분노' 두 가지입니다.

이중 하나님에 대한 분노나 원망은 사탄의 크나큰 계략입니다. 아담의 원죄, 스스로 지은 죄의 결과로 인한 화살을 하나님께 돌려서는 결코 안 됩니다. 스스로의 문제, 부부간의 문제, 자녀와의 문제, 회사와의 문제 등 모든 문제의 원인을 '하나님께' 돌리는 사람들이 있는데 이는 정말로 잘못된 생각입니다. 하나님은 우리를 사랑하시고, 우리를 과거라는 수렁에서 건져 올리시고, 우리의 삶에 놀라운 새 일을 행하실 유일한 구원자이자 구세주이기 때문입니다.

다음은 자신에 대한 분노입니다.

저는 목회를 하면서 "저 자신을 용서할 수 없어요"라고 말하는 교만한 분들을 참으로 많이 만났습니다. 감히 하나님이 자신을 사랑할 수 없다고 하나님의 '한계'를 규정했기에 이보다 더 큰 교만은 없습니다. 많은 사람들이 스스로를 낮추고, 내리까는 것이 '겸손'인 줄 알고 이런 생각을 하며 살아가는데 이것은 무엇보다 큰 '교만'입니다.

우리는 창조주를 거역하고 하나님을 떠난 피조물입니다. 그러나 그런 우리도 하나님은 사랑하십니다. 포기하지 않으십니다. 결국 예수님이 오셨고, 십자가에 못 박히셨습니다. 이 십자가의 사랑으로 우리의 모든 죄는 용서받았고 다시 하나님께 돌아갈 수 있게 됐습니다.

"저는 그동안 지은 죄 때문에 도저히 하나님께 나아갈 수 없어요"라는 사람들에게 하나님은 "내가 네 죄를 기억지도 아니하리라!"라고 분명히 못 박으셨습니다.

"그러므로 이제 그리스도 예수 안에 있는 자에게는 결코 정죄함이 없나니" – 로마서 8장 1절

그렇기에 과거에 어떤 죄를 지었든, 과거에 어떤 상처를 받았든 그로 인해 스스로를 괴롭게 해서는 안 됩니다. 과거에 매인 우리로 인해 가장 상처받고 슬퍼하시는 분이 바로 주님이시기 때문입니다.

"그러므로 우리가 믿음으로 의롭다 하심을 받았으니 우리 주 예수 그리스

또한 그 사랑에 힘입어 이제 우리의 과거와 화해해야 합니다. 덮어놓고 과거를 모른 척하는 것이 아니라 과거를 직시하고, 그 과거를 품어줄 놀라운 하나님의 사랑을 인정할 때에 이런 화해가 가능합니다. 하나님은 공생애 기간에 만나는 사람들에게 항상 같은 질문을 하셨습니다.

"네가 낫고자 하느냐?"
"네가 변하고자 하느냐?"

지금 우리에게도 주님은 같은 질문을 하십니다.

과거를 솔직하게 고백하고, 인정하는 사람들에게 예수님은 화평이란 은혜를 베푸셨습니다. 예수님의 화평으로 우리는 과거를 떠나보낼 수 있고 진정으로 다른 사람을 용서할 수 있는 힘을 얻게 됩니다.

과거를 인정할 때. 예수님의 사랑을 믿을 때. 하나님과 화목할 때, 우리는 과거와 화해함으로 자유해질 수 있습니다.

3. 새롭게 출발하라

"당신이 허락하지 않는다면 누구도 당신을 상처 입힐 수 없다. 세상이 당신을 함부로 하게 내버려 두지 말아라."

세계적인 '자존감 전문가'이자 심리상담가인 베르벨 바르데츠키 박사가 한 말입니다.

이와 비슷한 것으로 "슬픔이 당신을 잡고 있는 것이 아니라 당신이 슬픔을 붙잡고 있는 것이다"라는 말이 있습니다. 저는 과거에도 이와 같은 말을 적용하고 싶습니다.

"과거가 당신을 붙잡고 있는 것이 아니라, 당신이 과거를 붙잡고 있는 것이다."

> "보라 내가 새 일을 행하리니 이제 나타낼 것이라 너희가 그것을 알지 못하겠느냐 반드시 내가 광야에 길을 사막에 강을 내리니 장차 들짐승 곧 승냥이와 타조도 나를 존경할 것은 내가 광야에 물을, 사막에 강들을 내어 내 백성, 내가 택한 자에게 마시게 할 것임이라" – 이사야 43장 19–20절

이스라엘 백성들의 '출애굽'은 지나간 과거입니다.

하나님은 그들에게 "이제 과거를 생각하지 말고 새 일을 행할 미래를 보라"라고 말씀하셨습니다. 이 말은 곧 새로운 시작, 새로운 출발을 하라는 뜻입니다.

눈 앞에 펼쳐진 인생이 마치 광야와도 같습니까?

하나님이 물을 내어 수목이 자라게 하시고 열매를 맺게 하실 것입니다.

눈앞에 마치 사막이 펼쳐진 것처럼 막막하십니까?

하나님이 그곳에 강을 내어 목마르지 않게 하실 것입니다.

과거를 솔직하게 인정했다면,

그리고 과거와 올바르게 화해했다면,

다시 시작할 수 있습니다.

한계를 극복할 수 있습니다.

하나님은 위대한 거장이십니다. 그 거장의 작품인 우리는 설령 손상되었다 해도 하나님이 다시 더욱 위대하게 회복시켜 주십니다.

고통의 섭리를 통해 한계를 극복하십시오.

약함을 통해 주시는 강함으로 한계를 이겨내십시오.

과거에서 해방되어 새롭게 출발하십시오.

내 삶에 새 일을 행하실 주님의 능력과 은혜만을 바라보십시오.

"그런즉 누구든지 그리스도 안에 있으면 새로운 피조물이라 이전 것은 지나갔으니 보라 새 것이 되었도다" – 고린도후서 5장 17절

4

성도에게 찾아오는 세 가지 위험

성도에게 왜 위험이 찾아오는가?

우리를 위해 십자가에서 돌아가신 주님을 믿는 순간 우리는 구원받습니다. 구원을 받은 성도들은 죄와 사망의 권세에 얽매이지 않고 새로운 피조물이 됩니다. 최후의 심판을 두려워할 필요도 없으며, 죽음을 두려워할 필요도 없습니다.

하나님이 마련해 주신 구원의 방법인 예수님을 통해 삶에서 죽음까지 거쳐야 할 모든 문제가 해결되었기 때문입니다. 그러나 이 사실을 믿는다고 해도 당장 우리 눈앞에 산재한 모든 문제와 악한 것들이 마법처럼 사라지진 않습니다. 성경의 모든 약속을 이루시기 위해서는 예수님이 다시 오셔야 하고, 그동안 한 영혼이라도 실족시키려고 마귀가 두루 우는 사자처럼 온 세상을 돌아다니고 있기 때문입니다.

연약한 우리는 하나님이 우리를 100% 사랑하시는 것처럼 주님만을 의지하지 못합니다. 때로는 육체의 문제로 시험이 들기도 하고, 기도 응답이나 신앙생활의 의문을 통해 믿음이 가려지기도 합니다. 바로 이런 틈을 노리고 마귀는 우리의 믿음을 뿌리째 흔들려 합니다. 마귀의 악한 간교에 빠지지 않고 끝까지 신앙을 지키기 위해서는 먼저 우리가 살아가는 존재의 이유를 알아야 하며 삶의 근간이 무엇인지를 알아야 합니다.

같은 집을 봐도 일반인이 느끼는 감정과 건축가가 느끼는 감정은 다릅니다.
일반인은 집을 보면 '크다, 작다' 혹은 '예쁘다, 별로다' 정도로 밖에 표현하지 못합니다. 건축공학에 대해서 아는 것이 없기 때문입니다.

집을 그리라고 해도 대충 커다란 네모에 창문 그리고, 지붕 그리고 마당이나 조금 꾸미고 끝입니다. 하지만 건축가는 다릅니다.

쓰인 소재, 기둥의 안정성, 도료의 환경성 등을 비롯해 종합적으로 평가합니다. 건축가에게 집을 그려보라고 하면 설계도와 비슷하게 그립니다. 아는 만큼 보이는 관점이 다르기 때문입니다.

우리의 인생도 마찬가지입니다.

눈에 보이는 것이 전부인 세상, 죽으면 모든 것이 끝나는 세상, 아무리 발버둥 쳐도 죄에서 벗어날 수 없는 인생이 주님을 영접함으로 모든 것이 변했습니다. 하나님이 창조하신 우리의 존재 이유, 그리고 그 삶을 버티게 해주는 근간이 무엇인지를 알아야 합니다. 그래야 마귀가 우리의 어떤 곳을 공격하는지를 깨닫고 올바른 하나님의 도우심을 구할 수 있기 때문입니다.

"내가 여호와께 피하였거늘 너희가 내 영혼에게 새 같이 네 산으로 도망하라 함은 어찌함인가 악인이 활을 당기고 화살을 시위에 먹임이여 마음이 바른 자를 어두운 데서 쏘려 하는도다 터가 무너지면 의인이 무엇을 하랴" – 시편 11편 1–3절

마귀가 노리는 것은 '인생의 터'를 흔드는 것입니다. 인생의 근간이 되는 이 터는 '경제적 궁핍', '사업의 어려움', '건강의 문제', '관계의 어려움' 등 무엇이든 될 수 있지만 크게 **세 가지 모습**으로 우리에게 나타납니다.

첫 번째 위험, 피로

여러 연구에 따르면 점심시간에 30분 정도의 낮잠은 저녁의 단잠 못지않은 회복 효과가 있다고 합니다. 뇌와 근육의 피로가 풀리면서 집중력이 훨씬 좋아진다는 연구까지 있어서 운동선수들은 낮잠을 '파워 냅(Power nap)'이라고도 부릅니다.

반면에 잘 때 제대로 자지 않으면 좀처럼 회복되지 않는 심각한 피로가 쌓입니다. 잘 때 자야 하고, 쉴 때 쉬어야 하도록 하나님은 인간을 창조하셨습니다. 야간 근무를 20년 넘게 서는 사람들을 대상으로 진행한 연구가 있는데 20년을 밤낮을 바꿔서 생활해도 생체리듬은 변하지 않았습니다. 육체도, 정신도 하나님이 창조하신 원리를 알아야 하는 이유입니다.

피로가 쌓일 때 어떻게 해소하십니까?

쉬는 날 스트레스를 풀겠다고 술을 마시면 오히려 피로가 더 쌓이는 것처럼 올바른 휴식의 방법을 알지 못하면 피로라는 틈이 생깁니다.

잠을 아무리 많이 자고 푹 쉬어도 사람은 자신의 피로가 풀렸는지 아닌지를 바로 압니다. 단순히 육체의 피로만을 이야기하는 것이 아닙니다. 그래서 사람들은 너무 피곤하면 낮잠을 자고, 좋은 음식, 비타민을 찾고, 책을 본다든지 하면서 피로를 해소할 방법을 찾습니다. 그러나 나이를 먹다 보면 어떻게 해도 풀리지 않는 피로가 있다는 사실을 알게 됩니다.

늘 쉬어도 피곤이 쌓여있습니다.
삶이 무력합니다.
무엇을 해야 할지 모르겠습니다.

육체적 피곤은 그냥 쉬면 됩니다.
중요한 것은 정신적인 피곤입니다. 사람들은 자신의 영혼과 정신을 쉬게 하는 법을 몰라 이런 피로를 잘못된 방법으로 해소하려다 오히려 일을 크게 만듭니다. 정신적 피로가 해소되지 않을 때 우리의 몸도 영향을 받습니다. 인생이 이상하게 느껴지고 뭘 해도 의욕이 안 생기는 사람이 예배를 온전히 드릴 수 있고, 전도를 하고, 교제를 하고, 신앙생활을 잘해나갈 수 있겠습니까?

바로 이런 이유로 마귀는 피로라는 틈으로 들어와 성도들을 넘어뜨리려 합니다. 골리앗을 쓰러뜨리고 이스라엘 제일의 용사가 되어 하나님의 살아계심을 누구보다 삶에서 체험했던 다윗도 이 피로라는 '틈'을 느꼈습니다. 바알 선지자와의 싸움에서 완승하고 하늘에서 떨어지는 불을 목격했던 엘리야도 '피로'로 인해 무릎을 꿇었고 하나님께 차라리 자신을 데려가 달라고 간청했습니다.

"자기 자신은 광야로 들어가 하룻길쯤 가서 한 로뎀 나무 아래에 앉아서
자기가 죽기를 원하여 이르되 여호와여 넉넉하오니 지금 내 생명을 거두
시옵소서 나는 내 조상들보다 낫지 못하니이다 하고" – 열왕기상 19장 4절

구약을 보면 이스라엘 백성들이 이런 피로를 느낄 때 죄가 파고들었습니다. 나라를 잃고 70년 동안 포로로 살아가는 것이 자신들이 지은 죄 때문인 것을 모르고 이스라엘 백성들은 '해방'이 되면 이 피로가 사라질 것이라고 생각했습니다. 오랜 바람을 따라 포로에서 해방이 됐고 고향으로 돌아왔지만 그럼에도 그들의 피로는 여전했습니다.

그들은 때때로 새로운 왕을 세웠고, 때때로 우상을 숭배했습니다. 영혼의 피로를 해결하실 수 있는 분은 오로지 하나님뿐이기에 하나님만을 바라봐야 한다는 간단한 사실을 외면하고 다른 방법을 찾았기 때문입니다.

육체적 피로의 원인은 간단합니다.

자신이 어떤 하루를 보냈는지 보면 알 수 있습니다. 때때로 너무 움직여서, 때때로 너무 쉬어서 피로가 찾아옵니다. 신선한 음식을 적당히 먹고, 운동으로 관리하면 곧 해소됩니다. 하지만 정신의 피로는 어떨까요? 마귀에게 틈을 주는 마음의 피로를 일으키는 원인은 세 가지입니다.

'죄, 우상숭배, 불평'

하나님은 우리의 죄를 분명히 사하여 주셨습니다.

그 사실을 잊고 우리가 죄인이라고 생각할 때 더욱 큰 피로감이 몰려옵니다.

죄를 저지른 범죄자가 아무런 처벌이나 사면을 받지 않고 길거리를 돌아다닌다고 생각해보십시오. 사람들이 자기를 알아볼까 봐 골목으로만 다니고 경찰을 보기만 해도 식은땀이 주르륵 흐를 것입니다.

우리 죄를 사하여 주신 예수님을 바라보지 못할 때 죄로 인해 우리의 마음은 피로를 느낍니다. 죄를 사하시고 기억도 하지 않겠다는 하나님의 말씀을 믿지 못할 때 우리의 마음은 불안해집니다. 구원은 한 번으로 이미 이루어진 것이지만 우리는 그 사실을 종종 잊고 살아갑니다.

"하나님은 나의 죄를 용서해주셨다."
"이 사실이 곧 복음이다."

죄로 인한 피로를 사라지게 하려면 이 두 가지 사실을 기억해야 합니다. 그리고 분명히 믿어야 합니다. 십자가에서 우리를 위해 피를 쏟으시고 돌아가신 예수님을 바라볼 때 죄로 인한 피로의 문제를 해결할 수 있습니다. 우상숭배를 피할 수 있습니다. 영원하신 하나님의 나라와 능력을 바라보지 못하고 눈앞에 보이는 물질들에 마음이 빼앗길 때 다른 것으로 마음을 채우게 됩니다.

불평도 마찬가지입니다. 하나님을 외면하고 우상숭배를 하기 때문에 우리의 삶에 이루어지는 죄의 결과일 뿐이지 하나님이 우리를 벌주시려고 시험에 들게 하신 것이 아닙니다.

죄를 사해주신 하나님을 바라보고 세상의 방법을 의지하지 마십시오. 그러면 우리 삶에 감사가 넘치며 마귀가 공략할 '피로의 틈'이 사라집니다.

두 번째 위험, 유혹

'오, 하나님'이라는 희곡에는 "왜 하나님은 아담과 이브를 창조했을 때 옷을 입혀주지 않으셨을까?"라는 질문이 나옵니다. 희곡 내에서는 이렇게 설명합니다.

"인간한테 옷을 입혀 놓으면 분명 주머니를 요구할 거야. 주머니를 달아주면 채울 돈을 달라고 할 테고, 돈을 주면 그 순간부터 돈을 어디에 쓸 것인지 고민하며 유혹이 시작될 거야. 유혹에 빠지면 결국 죽음에 이르게 되기 때문에 하나님으로서는 어쩔 수 없었네!"

연극에서는 그저 재미로 나온 내용이겠지만 저는 정말로 그렇다고 생각합니다. 이제 인간은 아주 어렸을 때부터 옷을 입습니다. 자기 욕심만 채우는 사람을 우리는 "자기 주머니만 채운다"라고 표현하기도 합니다. 돈이 많은 사람은 돈이 없는 사람보다 훨씬 더 많고 큰 유혹을 겪습니다. 돈이 세상의 전부인가요? 돈만 많으면 인생의 모든 문제가 해결되나요?

그렇다면 돈이 많은 사람들이 왜 그렇게 마약에 빠지고 성에 빠지고 폐인이 될까요? 그러고도 만족을 못 해서 스스로 목숨을 끊는 사람은 왜 그렇게 많을까요? 돈이 없어서 생기는 어려움이 크겠지만 그보다도 돈이 너무 많을 때 생기는 유혹이 훨씬 위험합니다.

잘못된 유혹에 빠지면 세상의 모든 것을 가질 돈이 있음에도 만족하지 못하고 그토록 바라던 꿈을 이루고도 기쁨을 누리지 못합니다. 그렇다고 돈이 무조건 나쁘고 성공한 사람은 무조건 불행한 인생을 산다고 주장하는 것은 아닙니다. '잘못된 유혹'에 빠지지 않도록 유혹으로부터 우리의 마음을 지켜야 한다는 말입니다.

같은 총이라도 도둑이 쓸 때와 경찰이 쓸 때 용도는 정반대가 됩니다. 요리사가 들고 있는 칼은 바로 앞에서 들고 있어도 무섭지 않습니다. 요리사의 칼은 요리를 위해 들고 있는 것이지 누군가를 해치려고 준비한 것이 아니기 때문입니다.

이처럼 '유혹'은 바로 마음에서부터 시작됩니다.

돈이 문제가 아니라, 성공이 문제가 아니라, 위 이야기처럼 옷이나 주머니가 문제가 아니라 우리의 마음이 문제입니다.

마음에 욕심을 품으면 욕심이 죄를 잉태합니다. 죄가 자라면 사망하게 됩니다. 유혹이 무서운 마귀의 위험인 것은 죽을 것을 알고도 빠지기 때문입니다.

"욕심이 잉태한즉 죄를 낳고 죄가 장성한즉 사망을 낳느니라" – 야고보서 1장 15절

'바람과 함께 사라지다'를 쓴 오스카 와일드는 이렇게 말했습니다.

"나는 무슨 일이든 이겨낼 수 있다. 단, 유혹을 제외하고는."

인간이 '유혹'에 빠지는 이유는 마음으로 그것을 원하기 때문입니다. 돈만 바라는 사람에게는 권력이 유혹이 되지 않습니다. 어떤 것에 마음이 꽂혀 있을 때 남들이 보기에는 그것이 아무리 하찮은 것이라도 그 사람에겐 큰 유혹이 됩니다.

하루에 세 끼를 먹는 사람에게 간식은 별다른 유혹이 안됩니다. 그러나 한 끼만 먹는 사람은 얘기가 조금 달라집니다. 혹시 3일을 금식해본 적이 있으십니까? 눈앞에 아무것도 아닌 과자 한 조각도 유혹으로 느껴집니다. 그거

하나 먹는다고 배가 차지 않습니다. 그러나 그 유혹을 이겨내기는 얼마나 힘든지 모릅니다.

적당한 욕구는 정상적인 생활에 반드시 필요합니다. 문제는 뭐든지 정도를 벗어나는 데에서 옵니다.

외모를 깔끔하게 관리하고 좋은 옷을 입는 것은 아주 바람직한 습관입니다. 하지만 외모에 욕심을 내서 성형을 하고, 조금만 더 하다가 성형 중독이 되고 결국 멀쩡한 얼굴도 망치는 사람들이 얼마나 많습니까? 깔끔하고 좋은 옷을 입는 것도 중요합니다. 하지만 라면으로 끼니를 때우면서 명품으로 치장하는 사람의 삶은 누가 봐도 정상적인 삶의 모습은 아닙니다.

이 말은 곧 '우리는 무엇에 집착하는가?', '우리가 과도하게 투자하고 있는 것은 무엇인가?'를 생각함으로 '우리에게 유혹이 되는 것'이 무엇인지 유추해볼 수 있다는 뜻입니다.

사람마다 욕구가 다르듯이 다가오는 유혹도 다르지만 그럼에도 특히나 주의해야 할 유혹이 하나 있습니다. 바로 '성적인 욕구'입니다. 그 옛날 구약 시대에도 성적인 유혹은 남자에게나 여자에게나 이겨내기 힘든 욕구였지만 오늘날의 그리스도인들에게는 더더욱 힘든 유혹인 것 같습니다.

한 가지 분명히 짚고 넘어가야 합니다.

성이란 하나님이 주신 선물로 신성하고 좋은 것이며 아름다운 것이라는 점입니다. 성은 마치 성냥처럼 어두운 곳에서 켜면 길을 찾아주는 소중한 불빛이지만 잘못된 곳에서 켜면 불을 일으키는 흉기가 됩니다. 한 번 잘못 켠 성냥으로 집도 태울 수가 있듯이 한 번의 빗나간 쾌락으로 인생이 망할 수도 있습니다.

성적인 유혹은 세상에 점점 만연해지고 있습니다. 기분 탓이 아닙니다. 제품을 막론하고 사람들은 '성적인 욕구'를 느끼는 광고를 보면 더 기억을 잘하고 매력적으로 느낀다고 합니다. 그래서 TV 프로그램, 영화, 신문, 광고에는 '섹스 어필' 요소가 점점 늘어나고 있습니다. 정보의 바다로 불리는 인터넷으로 사람들이 가장 많이 사용하는 사이트도 '성인 사이트'입니다.

기술의 발달, 생활 수준의 향상으로 '성적 유혹'이 아닌 그 어떤 종류의 유혹도 우리는 더 즉각적으로 향유할 수 있는 세상이 됐습니다. 이 유혹을 잠깐 만족을 주는 향응이라 생각할 수도 있지만 위에도 말했듯이 유혹을 마음에 잘못 품으면 사망에까지 이르는 참혹한 결과로 이어집니다.

마귀는 일반적으로 다음과 같은 상황에서 우리에게 **더 강한 유혹의 위험 신호**를 보냅니다.

1. 형편이 나아지고 일이 갑자기 잘 될 때
2. 목에 힘을 줄 수 있을 정도로 위치가 높아졌을 때
3. 집을 떠나 있을 때
4. 신임을 받을 때

성경에 나오는 요셉의 삶은 유혹과의 혈투였다고 해도 과언이 아닙니다.

죽을 위기를 모면하고 겨우 노예로 팔려갔다가 보디발의 신임을 얻었을 때 유혹은 찾아왔습니다. 하나님을 아는 사람도 없고, 자신을 아는 사람도 없었고, 이집트에선 누구나 적당히 넘어가는 문화가 있었을지도 모릅니다. 요셉을 신임했던 보디발은 의심조차 안 했을 것입니다. 보디발 아내의 유혹에 넘어갔다면 오히려 감옥에 가지 않고 입지가 더 탄탄해졌을 것입니다.

하나님을 모르는 사람이었다면 단순히 도덕적으로 올바른 일이 아니라는 이유 하나로 이겨낼 수 있었을까요?

우리라면 어떻게 했을까요?

심지어 이런 유혹을 이긴 요셉에게 당장 찾아온 것은 축복이 아닌 고난이었습니다. 요셉은 때때로 실수는 했을지언정 하나님의 손을 떠나게 만드는 결정적인 유혹에는 넘어가지 않았습니다. 하나님을 드러내며 자신의 정체성을 알리며 살았기 때문입니다.

"이 집에는 나보다 큰 이가 없으며 주인이 아무것도 내게 금하지 아니하였어도 금한 것은 당신뿐이니 당신은 그의 아내임이라 그런즉 내가 어찌 이 큰 악을 행하여 하나님께 죄를 지으리이까" – 창세기 39장 9절

요셉은 유혹을 거절할 때 "이러시면 안 됩니다", "이건 옳은 일이 아닙니다!"라고 말하지 않았습니다.

"하나님께 죄를 지을 수는 없습니다!"

이 놀라운 고백이 요셉이 유혹을 이겨낼 수 있었던 원동력입니다.

우리는 직장에서, 모임에서, 혹은 친구 관계에서 요셉과 같이 자신의 정체성을 드러내십니까?

어떤 이유로든 티를 내지 않으며 주일에만 크리스천으로 살고 있지는 않으십니까?

모든 성도들은 '예수님의 신부'입니다. 결혼식장의 신부는 하얗고 화려한 드레스로 누가 봐도 대번에 신부인 것을 알게 합니다. 세상에서 우리의 믿음과 신앙도 이와 같이 드러낼 때 유혹에 틈을 주지 않을 수 있습니다.

이와 더불어 세상의 도덕적 기준을 하나님의 말씀을 통해 세워야 합니다. 그리스도인의 도덕적 가치관과 기준은 말씀으로 세워져야 하고, 세상의 기준을 덮을 정도로 포괄적이야 합니다. 세상의 모든 사람이 죄를 짓는다 해도 하나님이 "아니다"라고 하면 "아니다"라고 고백해야 합니다.

소망이 없어 방황하는 많은 유럽의 청년들에게 '라브리 공동체'로 복음을 전했던 프란시스 쉐퍼 박사는 "현대인의 타락의 원인은 절대적 도덕적 가치와 기준이 사라졌기 때문"이라고 말했습니다.

우리의 힘으로 이겨낼 수 없는 유혹의 현장이라면 지체 말고 곧 요셉과 같이 자리를 떠야 합니다.

> "여인이 날마다 요셉에게 청하였으나 요셉이 듣지 아니하여 동침하지 아니할 뿐더러 함께 있지도 아니하니라" – 창세기 39장 10절

혈기왕성한 청년 요셉은 때때로 이 유혹을 이겨내기가 힘들었을 수도 있습니다. 그런 상황에서도 유혹에 빠지지 않으려고 요셉은 거절을 넘어서 자리를 곧 떠났습니다. 애초에 '함께' 있는 상황 자체를 만들지 않으려는 요셉의 노력처럼 우리도 유혹이 무엇인지를 알았다면 그런 자리에 가려는 마음을 스스로 이겨내야 합니다. 의인은 악인들이 걷는 길조차 따라가지 않습니다.

> "복 있는 사람은 악인들의 꾀를 따르지 아니하며 죄인들의 길에 서지 아니하며 오만한 자들의 자리에 앉지 아니하고" – 시편 1편 1절

죄인의 길에서 떠난 다윗은 어디에 갔을까요?

보디발 아내를 피해서 요셉은 어디에 갔을까요?

조용한 처소에 가서 하나님의 얼굴을 구했을 것입니다. 스스로의 힘으로 유혹을 이겨내기 힘들 때 하나님의 기준

을 따르십시오. 그 유혹의 자리를 벗어나는데 그치지 말고 더 나아가 하나님의 은혜를 구하십시오.

어디에 있는지, 무엇을 하는지 자각 없이 가만히 있는 사람은 저절로 유혹의 길을 따르게 됩니다. 그물을 버리고 예수님을 따랐던 베드로처럼 세상의 기준을 버리고 예수님의 기준을 따르십시오.

세 번째 위험, 정체성 망각

조엘 오스틴의 '긍정의 힘'에 나온 예화입니다.

칠흑같이 어두운 밤, 바다를 항해하고 있는 배가 한 불빛을 발견했습니다. 그대로 가다간 부딪히겠다는 생각에 선장은 무전을 쳤습니다.

"그대로 가면 서로 부딪힌다. 항로를 바꾸기 바란다."

상대방 쪽에서도 무전이 왔습니다.

"그럴 순 없습니다. 그쪽이 바꾸셔야 합니다."

"난 이 배의 선장이야! 자네가 항로를 바꾸게!"

일개 선원에게 무시당했다고 생각한 선장은 크게 화를 냈습니다. 그러나 아랑곳하지 않게 다시 무전이 왔습니다.

"선장님이신 건 잘 알겠으나 그래도 항로를 바꾸셔야 합니다. 이곳은 등대입니다."

우리는 하나님의 존귀한 자녀입니다.

예수님의 희생으로 구원받고 새 생명을 얻었기 때문입니다. 이 사실은 우리가 부정하든 하지 않든 변하지 않는 사실입니다. 우리가 하나님의 존귀한 자녀라는 사실은 구원받은 그리스도인의 정체성이자 자아입니다. 이 정체성을 잃어버리는 순간 그리스도인은 세상에서 이도 저도 아닌 어정쩡한 사람이 됩니다. 그래서 더더욱 마귀는 이 틈을 노립니다.

한 번 생각해봅시다. 예수님을 믿는다는 사실은 곧 예수님이 규정하신 사실도 믿어야 한다는 뜻입니다. 예수님이 우리에게 존귀한 하나님의 자녀라고 하셨음에도 "난 쓸모없는 사람이야", "난 아무런 능력도 없어", "왜 난 이렇게 태어났을까?"라고 스스로를 비하하는 사람이 있다고 생각해봅시다. 이 사람은 구원받은 사람입니까?

사람들 앞에서의 '나'와 하나님 앞에서의 '나'를 혼동하면 이런 시험에 빠집니다. 설령 사람들 앞에서는 부족한 모습을 보여준다 하더라도 하나님 앞에서는 달라야 합니다. 물론 아브라함은 자신을 '티끌'로 표현했고 시편의 한 기자는 '버러지'로 표현했습니다. 혈루병 앓는 여인은 자신을 '개'로 표현해 상에서 떨어진 부스러기를 먹듯이 은혜를 구하러 왔다고 고백했습니다.

이런 고백은 잘못된 것은 아니지만 창조주 앞에서 피조

물 된 자의 낮은 자세로만 이해해야 합니다.

하나님이 정말로 '티끌'로 '버러지'로 '개'로 취급하신다고 생각하십니까?

돌아온 탕자를 위해 잔치를 열어주시고, 따스하게 맞아주시는 아버지의 사랑이 바로 하나님의 사랑입니다.

자신이 가고 싶은 곳을 자유롭게 갈 수 있는 배라도 등대 앞에서는 항로를 바꿔야 합니다. 마찬가지로 세상에서 어떤 삶을 살아가든지 하나님이 창조하신 우리의 참 자아를 절대로 잊지 말아야 합니다.

혹시 이렇게 생각하실지도 모릅니다.

"아니요, 목사님 저는 정말로 버러지 같은 사람이에요."

"저는 이룬 것도 없어요."

"제가 얼마나 나쁜 사람인지 모르실 거예요."

"하나님이 창조하셨다기에 저는 정말로 무능력해요."

이렇게 생각한다면 사무엘하에 나오는 므비보셋을 묵상하십시오.

"사울의 아들 요나단에게 다리 저는 아들 하나가 있었으니 이름은 므비보셋이라 전에 사울과 요나단이 죽은 소식이 이스르엘에서 올 때에 그의 나이가 다섯 살이었는데 그 유모가 안고 도망할 때 급히 도망하다가 아이가 떨어져 절게 되었더라" – 사무엘하 4장 4절

므비보셋은 사울의 손자로 요나단의 아들입니다.

왕족의 핏줄이지만 가문은 쫄딱 망했습니다. 말로만 쫄딱 망한 것이 아니라 정말로 모든 사람이 죽고 자기 혼자 살아남았습니다. 사울과 요나단은 능력이라도 출중했지만 므비보셋은 가진 것이 하나도 없었습니다. 몸마저 성치 않아 다리를 절었습니다.

철저하게 세상에서 잊혀졌고,
철저하게 자신만 남고 모든 사람들이 사라졌고,
철저하게 외면받아야 할 상황이었습니다.

그러나 다윗왕은 요나단의 아들인 그를 찾아왔습니다. 혈통 중 남아있는 사람이 있다면 대를 이어 보존해주고자 하는 목적이었습니다. 자신의 힘으로는 아무것도 할 수 없는 므비보셋에게 다윗은 은총을 베풀어 마치 왕자처럼 살 수 있게 배려해줬습니다.

므비보셋과 다윗의 관계에서 우리는 세상에서 정체성을 잃지 않고 자존감을 회복하는 원리를 알 수 있습니다.

우리가 아무리 무력한 존재로 느껴지고,
구원받을 아무런 이유가 없는 미미한 존재 같아도,
당장 나 하나 사라져도 세상에 아무런 문제가
없는 것 같아도….

그래도 우리는 주님의 관심사입니다.

우리는 주님의 은총을 입은 자입니다.

우리는 주님의 돌보심을 받는 자입니다.

우리가 홀로 세상에 버려진 상황에서도 주님은 우리를 찾아오십니다. **세상에서 내세울 것 하나 없는 망한 상황이라 해도** 주님은 우리에게 은총을 베푸십니다. **세상 그 어디 의지할 곳 하나 없어도** 하나님은 우리를 하나님의 나라에 V.I.P.로 초청하셨습니다.

하나님을 잊을 때 마귀의 위험이 찾아옵니다.

하나님을 기억하고 의지할 때 마귀는 두려워 떨며 우리를 떠나갑니다. 우리를 무익하고 쓸모없는 사람으로 느끼게 하려는 마귀의 간교에 빠지지 말고 '존귀한 그리스도의 자녀', '왕 같은 제사장'으로 스스로를 세우시고, 스스로를 돌보시고, 우리를 잊지 않으시는 주님의 놀라운 사랑과 은총을 통해 하나님이 말씀하시는 '진짜 우리'를 잊지 말고 살아가십시오.

30가지 주제 / 30일간 기도서!

무릎 기도문 17

1 자녀를 위한
무릎 기도문

2 가족을 위한
무릎 기도문

3 태아를 위한
무릎 기도문

4 아가를 위한
무릎 기도문

5 십대의
무릎 기도문

6 십대 자녀를 위한
무릎 기도문

7 새난 새해 안선
무릎 기도문
〈자녀용〉

8 재난 재해 안전
무릎 기도문
〈부모용〉

9 남편을 위한
무릎 기도문

10 아내를 위한
무릎 기도문

11 워킹맘의
무릎 기도문

12 손자/손녀를 위한
무릎 기도문

13 자녀의
대입 합격을 위한
부모의 무릎 기도문

14 대입 합격을 위한
수험생 무릎 기도문

A1 태신자를 위한
무릎 기도문

A2 새신자
무릎 기도문

A3 교회학교 교사
무릎 기도문

자녀 축복
안수 기도문

우리 부모님을
지켜 주옵소서

번성하게 하고
번성하게 하소서

보다 자세한 내용은 QR코드로 만나세요!

윌밍턴 본문중심 성경 연구 – 구약/신약

해롤드 윌밍턴 박사 지음

성경적/역사적/신학적/과학적 방법을
동시에 사용하여 성경 개요를 한 눈에
파악할 수 있도록 하여, 성경의 흐름을
많은 도표와 그림을 통해 시각화 한 책!

핵심 성경 연구 1, 2, 3권

워런 W. 위어스비 박사 지음

성경전서를 체계적으로 가르치고 싶은 분과
배우고 싶은 분을 위한 책!! 세계적인 성경학자
워런 W. 위어스비 박사가 7년 동안
주일/수요일 저녁에 강해한 자료

종합 성경 연구 – 구약/신약

로버트 보이드 박사 지음

성경책별/ 주제별 연구를 위한 최상의 참고서!
1000가지 넘는 메시지 요약/ 묵상 자료/ 성경연구
자료서!

성경여행 – 구약/신약

고은주 원장 지음

성경을 역사적 배경과 연대기적으로 이해하고
성경 66권의 흐름을 한 눈으로 볼 수 있는 책!
성경의 맥을 잡아주는 책!

세어도 세어도 끝이 없는 감사의 위력!

옥덕자 원장 지음

1. 다 셀 수 없는 수만 가지 감사들
2. 하늘의 별처럼 수만 가지 감사들
3. 이루 말할 수 없는 수만 가지 감사들

가까운 곳/있는 것에서부터 감사를 생활화합시다!
감사를 잃으면 사탄의 밥이 됩니다!

망망한 바다 한가운데서 배 한 척이 침몰하게 되었습니다.
모두들 구명보트에 옮겨 탔지만 한 사람이 보이지 않았습니다.
절박한 표정으로 안절부절 못하던 성난 무리 앞에 급히 달려 나온 그 선원이
꼭 쥐고 있던 손바닥을 펴 보이며 말했습니다.
"모두들 나침반을 잊고 나왔기에… "
분명, 나침반이 없었다면 그들은 끝없이 바다 위를 표류할 수 밖에 없을 것입니다.

우리는 삶의 바다를 항해하는 모든 이들을 위하여
그 나침반의 역할을 하고 싶습니다.
우리를 구원하신 위대한 주 예수 그리스도를 널리 전하고 싶습니다.

"하나님은 모든 사람이 구원을 받으며
진리를 아는 데에 이르기를 원하시느니라"
(디모데전서 2장 4절)

한 영혼의 구원을 갈망하게 하소서

편집인 │ 김두화 목사를 그리워하는 사람들
발행인 │ 김용호
발행처 │ 나침반출판사

제1판 발행 │ 2021년 12월 1일

등　록 │ 1980년 3월 18일 / 제 2-32호
본　사 │ 07547 서울특별시 강서구 양천로 583
　　　　블루나인 비즈니스센터 B동 1607호
전　화 │ 본사 (02) 2279-6321 / 영업부 (031) 932-3205
팩　스 │ 본사 (02) 2275-6003 / 영업부 (031) 932-3207
홈　피 │ www.nabook.net
이　멜 │ nabook365@hanmail.net

일러스트 제공 │ 게티이미지뱅크

ISBN 978-89-318-1632-7
책번호 가-9088

값은 뒤표지에 있습니다.